Jochen Link

Verwaltungsrecht BT 2
- Baurecht -

16. Auflage 2024

ISBN 978-3-86724-075-8

16. Auflage 2024

© 2024 niederle media

Bezug möglich direkt vom Verlag
niederle media
48341 Altenberge
Fax (02505) 93 98 99
E-Mail: info@niederle-media.de
www.niederle-media.de

▶ Inhalt

▶ Verwaltungsrecht BT 2 - Baurecht

▶ Vorwort

Dieses Skript ist gedacht als Einführung in die Grundlagen des Öffentlichen Baurechts und behandelt insbesondere:

- Grundbegriffe und Rechtsquellen des Baurechts
- die Bauleitplanung
- die bauplanungsrechtliche Zulässigkeit eines Vorhabens
- die bauordnungsrechtliche Zulässigkeit; regelmäßig mit Nennung der Parallel-Vorschriften aller **16 Landes-Bauordnungen**
- den Nachbarschutz im Baurecht.

Der Name **niederle media** steht für Skripten, die zu einem großen Teil von Autoren mit mehrjähriger Lehr-Erfahrung als Hochschullehrer oder AG-Leiter verfasst wurden und die

- klausurrelevante Themen *kompakt* darstellen,

- meist in 1-2 Tagen und demnach *zeitsparend* durchgearbeitet werden können,

- so *verständlich* sind, dass auch Anfänger damit regelmäßig auf Anhieb klarkommen,

- *Fallbeispiele, Übersichten* und *Schemata* enthalten,

- sehr *erschwinglich* sind (ab 7,90 €).

Aufgrund dieser Eigenschaften sind unsere Skripten hervorragend geeignet für den ersten, unkomplizierten Einstieg in die Materie oder für eine schnelle Wiederholung kurz vor der Prüfung. Dafür drücke ich schon jetzt ganz fest die Daumen,

Jan Niederle

▶ Unsere 📖 Skripten 📑 Karteikarten 🔊 Hörbücher

🔊 bedeutet: auch als **Hörbuch** lieferbar!

Bei **niederle-media.de** bestellte Bücher treffen idR *nach 1-2 Werktagen* ein!

A. Grundbegriffe des Baurechts

I. Öffentliches Baurecht – ziviles Baurecht

Ausgangsfall: Ein Bauherr hat sich ein Grundstück gekauft und möchte darauf ein Haus bauen. Es soll im Gegensatz zur Umgebungsbebauung allerdings *drei* statt nur *zwei* Stockwerke haben und einen blauen Außenputz erhalten, nicht weiß wie die Nachbarhäuser. Außerdem möchte der Bauherr im Erdgeschoss des Hauses seine neue Kanzlei unterbringen. Ist das möglich (Lösung auf Seite 96)?

Ob und wie man sein Grundstück bebauen und Grundstück und Gebäude nutzen darf, richtet sich nach den Vorschriften des *öffentlichen Baurechts*.

Durfte man bauen und ist mit den Leistungen des *Architekten* oder der *Baufirma* unzufrieden, muss man auf zivilrechtlichem Wege vorgehen. Hier ist in erster Linie das *Werkvertragsrecht* mit *VOB* angesprochen. An dieser Stelle befindet man sich im *zivilen* Baurecht. Danach bestimmt sich auch, inwieweit einem Bauvorhaben die Privatrechte Dritter entgegenstehen.

II. Unterschiede zwischen Bauplanungsrecht und Bauordnungsrecht

Das öffentliche Baurecht teilt sich auf in das *Bauplanungsrecht* und das *Bauordnungsrecht*. Beim Bauplanungsrecht, auch als *Städtebaurecht* bezeichnet, geht es darum, ob und wie eine Fläche baulich genutzt werden darf. Außerdem regelt es die Verfahren zur *Bauleitplanung*.

Was versteht man unter „Bauleitplanung"?

Nach § 1 I BauGB ist es die Aufgabe der Bauleitplanung, die bauliche und sonstige Nutzung der Grundstücke in der Gemeinde nach Maßgabe des BauGB vorzubereiten und zu leiten. § 1 II BauGB sieht dafür *Flächennutzungspläne* (vorbereitende Pläne) und *Bebauungspläne* (verbindliche Bauleitpläne) vor.

Die Bauleitplanung ist also die konkrete Regelung, ob und wie eine Fläche bebaut und genutzt werden darf. Diese Planung unterliegt dabei den in § 1 V BauGB genannten Zielen: Die Bauleitpläne sollen eine geordnete städtebauliche Entwicklung und eine dem Wohl der Allgemeinheit entsprechende sozialgerechte Bodennutzung gewährleisten und dazu beitragen, eine menschenwürdige Umwelt zu sichern und die natürlichen Lebensgrundlagen zu schützen und zu entwickeln (§ 1 V BauGB). Welche Anforderungen, Bedürfnisse und Ziele insbesondere zu berücksichtigen sind, ist in § 1 VI BauGB aufgezählt.

Worum geht es beim „Bauordnungsrecht"?

Hier hilft ein Blick auf die frühere Bezeichnung dieser Materie: Baupolizeirecht. Das deutet auf Gefahrenabwehr hin. Das Bauordnungsrecht dient also der *Gefahrenabwehr.* Klassisch sind hier die Regelungen zu *Abstandsflächen*, die unter anderem einer effektiven Brandbekämpfung dienen. Daneben geht es beim Bauordnungsrecht aber auch darum, Verunstaltungen zu vermeiden und die Bauvorhaben gestalterisch zu regeln. Zudem sollen ökologische und soziale Ziele verwirklicht werden. Nicht zuletzt wird auch im Bauordnungsrecht das Genehmigungsverfahren geregelt.

Wieso wird die Frage, ob ein Bauvorhaben zulässig ist, neben dem Bauplanungsrecht auch im Bauordnungsrecht geregelt?

Weil sich die Trennung zwischen beiden Materien nicht strikt einhalten lässt. Ein Bauvorhaben muss nämlich bauplanungrechtlich und bauordnungsrechtlich zulässig und demnach insgesamt genehmigungsfähig sein. Außerdem sieht das Bauordnungsrecht vor, dass bestimmte Vorhaben überhaupt nicht genehmigt werden müssen oder in einem vereinfachten Verfahren durchgeführt werden können, dem sog. *Kenntnisgabeverfahren*. Das Bauordnungsrecht regelt demnach auch das formale Genehmigungsverfahren. Dazu gehören z.B. auch die Einholung einer Baugenehmigung oder eines Bauvorbescheids. Das Bauordnungsrecht gibt aber auch Antworten auf die formellen Fragen, z.B. welche Behörde zuständig ist, in welcher Form entschieden wird etc.

Die Trennung zwischen Bauordnungs- und Bauplanungsrecht ist an einigen Stellen nicht strikt durchführbar. Beispielsweise verhält es sich bei den schon erwähnten Abstandsvorschriften auch so, dass diese einerseits zur Gefahrenabwehr geschaffen wurden (Brandschutz), aber auch im Bauplanungsrecht eine Rolle spielen.

Beispiel 1: Bauer B möchte auf einem seiner Ackergelände neben einem Waldgebiet ein kleines Wochenendhäuschen errichten. Ob er dies darf, richtet sich nach den *bauplanungsrechtlichen* Vorschriften. Geht es hingegen um unzureichenden Feuerschutz einer Scheune des B und damit um eine baurechtliche Gefahrenabwehr, ist das *Bauordnungsrecht* angesprochen.

III. Landesplanung, Raumordnung und Fachplanung

Die Bauleitplanung obliegt nach § 1 III BauGB den Gemeinden. Bei den vielen Städten und Gemeinden, die es bundesweit gibt, kann man die Schwierigkeiten schon erahnen, die entstehen würden, wenn man völlig losgelöst von einer übergeordneten Planung agieren könnte.

Deshalb regelt § 1 IV BauGB, dass die Bauleitpläne den Zielen der Raumordnung und Landesplanung anzupassen sind. Steht dies aber nicht im Widerspruch zur Planungshoheit der Städte und Gemeinden? Nein, denn § 1 III BauGB kann nicht ohne § 1 IV BauGB gelesen werden. Einerseits schränkt § 1 IV BauGB die Planungshoheit der Gemeinden ein. Allerdings bleibt den Gemeinden ein eigenständiger Bereich, in dem sie ihre Planungshoheit ausüben. Hinzu kommt, dass die kommunalen Belange bei der Landesplanung mitberücksichtigt werden müssen.

Die **Raumordnung** befindet sich – föderalistisch gesehen eine Stufe höher – auf der Bundesebene. Es geht dabei um die Struktur des Gesamtraums der BRD, dies allerdings nur unter Beachtung der Länderkompetenzen.

Die **Fachplanung** wiederum widmet sich speziellen Vorhaben. Es geht dabei z.B. um den Bau von Autobahnen, Flugplätzen oder Bahnanlagen, die Festsetzung von Natur-, Landschafts-, oder Wasserschutzgebieten oder die Errichtung von Abfalldeponien.

B. Entwicklung und Rechtsquellen des Baurechts

I. Vom BBauG zum neuen BauGB

Mit dem Bundesbaugesetz (BBauG) wurden 1960 die verschiedenen baurechtlichen Regelungen erstmals in einer Kodifikation zusammengefasst. Das BBauG wurde danach mehrfach novelliert. Dabei kam es zu einer verbesserten Stellung der Gemeinden im Bereich der Planungsbefugnisse und zu Verfahrensbeschleunigungen. Im Laufe der Zeit kam auch der Wunsch nach einer Vereinfachung der Vorschriften auf. Ergebnis der Vereinfachungsbemühungen war die Schaffung des Baugesetzbuchs (BauGB), das am 01.07.86 in Kraft getreten ist und durch den Einigungsvertrag am 03.08.90 auch in den neuen Bundesländern geltendes Recht wurde.

Das Europarecht spielt inzwischen in jedem Rechtsgebiet eine Rolle. Auch das Baurecht erlebt eine Europäisierung. So wurde das BauGB durch das Gesetz zur Anpassung des Baugesetzbuchs an EU-Richtlinien, das am 20.07.2004 in Kraft getreten ist, in wichtigen Bereichen geändert. Es gibt nun eine *Umweltprüfung* für alle Bauleitpläne, was weitreichende Konsequenzen für die Aufstellung und Änderung von Bauleitplänen mit sich bringt.

Beispiel 2: Nach § 2 IV BauGB muss bei allen Flächennutzungsplänen und Bebauungsplänen eine Umweltprüfung durchgeführt werden. In der Abwägung kann dessen Ergebnis entscheidend sein. Jedenfalls muss es bei der Abwägung aller Bauleitpläne berücksichtigt werden. Nach § 2a BauGB hat die Gemeinde zudem im Aufstellungsverfahren dem Entwurf der Bauleitpläne eine Begründung beizufügen, wobei der Umweltbereich einen gesonderten Teil dieser Begründung darstellt.

Durch das Europarechtsanpassungsgesetz wurde nun auch erstmals die Möglichkeit geschaffen, ein „Baurecht auf Zeit" zu gestalten.

Beispiel 3: Für die Fußballweltmeisterschaft in Deutschland 2006 konnte nach dem „Baurecht auf Zeit" gemäß § 9 II BauGB im Bebauungsplan festgesetzt werden, dass bestimmte bauliche Nutzungen nur für den Zeitraum der Weltmeisterschaft zulässig sind, etwa größere Parkplatzstellflächen. Dies war bisher nur in Form einer Entscheidung für die „Ewigkeit" möglich. Es konnte natürlich ein verabschiedeter Bauleitplan durch entsprechende Beschlüsse wieder geändert werden. Nun ist es allerdings möglich, bereits von vornherein zu regeln, welche Maßnahmen dauerhaft und welche auf Zeit angelegt sind.

II. 16 verschiedene Landesbauordnungen

Warum gibt es *ein BauGB*, aber *16 verschiedene* Landesbauordnungen? Dies liegt an der Gesetzgebungskompetenz für das Baurecht. Diese ist nämlich aufgeteilt auf den Bund und die Länder. Für das BauGB besteht eine *konkurrierende Gesetzgebungskompetenz* gemäß Art. 74 I Nr. 18 GG (Bodenrecht) i.V.m. Art 72 GG, von der der Bund Gebrauch gemacht hat.

Das *Bauordnungsrecht* fällt in die Generalkompetenz der Länder nach Art. 70 I GG. Das Bauordnungsrecht ist also *Ländersache*. Auf der Zuständigkeit nach Art. 70 I GG beruhen die 16 Landesbauordnungen – entsprechend den 16 Bundesländern.

Die Kompetenzaufteilung im Baurecht zwischen dem Bund und den Ländern führt auch dazu, dass bestimmte Bereiche sowohl im BauGB als auch in der LBO geregelt werden.

Beispiel 4: Die bereits erwähnten Abstandsvorschriften spielen in §§ 5, 6 LBO und § 22 BauNVO und damit sowohl auf bauplanungs- als auch bauordnungsrechtlicher Seite eine Rolle.

III. Baunutzungsverordnung

Die Baunutzungsverordnung (BauNVO) ergänzt das BauGB und regelt insbesondere die verschiedenen Arten der baulichen Nutzung von Gebieten. Die BauNVO kommt bei Vorhaben im Bereich eines Bebauungsplans (§ 31 BauGB) und bei Vorhaben im nicht beplanten Innenbereich (§ 34 II BauGB) zur Anwendung.

Die BauNVO gibt in den §§ 2 – 10 Baugebiete vor, unter denen die Gemeinde eine Auswahl treffen kann, wenn sie einen Bebauungsplan beschließt. Diese Aufzählung an möglichen Baugebieten findet sich auch in § 1 II BauNVO. Die Gemeinden dürfen auch keine eigenen Baugebietstypen schaffen, sondern müssen sich an die in der BauNVO geschaffenen Vorgaben halten. Um kurz auf das Verfassungsrecht zurückzukommen: Worauf beruht eigentlich die Baunutzungsverordnung und welcher Maßstab dient zur Überprüfung ihrer Rechtmäßigkeit? Rechtsgrundlage der BauNVO ist § 9a BauGB. Verfassungsrechtlicher Prüfungsmaßstab ist Art. 80 GG. Eine solche Thematik ist in Klausuren nicht zu erwarten, eignet sich aber für die mündliche Examensprüfung.

Von der Systematik her ist die BauNVO folgendermaßen aufgebaut:

- im **Absatz 1** wird beschrieben, welchem Zweck das jeweilige Gebiet dient.
- im **Absatz 2** werden die Vorhaben aufgezählt, die im Gebiet ohne weiteres zulässig sind.
- im jeweiligen **Absatz 3** sind die Vorhaben geregelt, die nicht ohne weiteres, sondern nur ausnahmsweise zulässig sind.

Beispiel 5: § 5 BauNVO enthält Regelungen über die Dorfgebiete. Nach **§ 5 I BauNVO** dienen sie u.a. der Unterbringung der Wirtschaftsstellen land- und forstwirtschaftlicher Betriebe, dem Wohnen und der Unterbringung von nicht wesentlich störenden Gewerbebetrieben. **§ 5 II BauNVO** zählt die Vorhaben auf, die zulässig sind. So etwa Kleinsiedlungen einschließlich Wohngebäuden mit entsprechenden Nutzgärten und landwirtschaftlichen Nebenerwerbsstellen (Nr. 2) oder Einzelhandelsbetriebe, Schank- und Speisewirtschaften sowie Betriebe des Beherbergungsgewerbes (Nr. 5). **§ 5 III BauNVO** bestimmt schließlich, dass in Dorfgebieten ausnahmsweise Vergnügungsstätten im Sinne des § 4a III Nr. 2 BauNVO zugelassen werden können.

Klausurbeispiel: Bauherr B hat ein Grundstück, das sich im Bebauungsplan „Dorfgebiet" befindet. Er stellt bei der Baurechtsbehörde den Antrag, eine Baugenehmigung für eine große Disco mit über 200 qm Tanzfläche auf diesem Grundstück zu erhalten. - Hier kann man in der Klausur kurz abhandeln, dass es sich um ein Dorfgebiet handelt und das Vorhaben, auf dem Grundstück eine Disco zu errichten und zu betreiben, nicht unter § 5 II BauNVO fällt und damit nicht ohne weiteres zulässig ist. Dann weist man darauf hin, dass das Vorhaben als Ausnahme nach § 5 III BauNVO zulässig sein könnte. Danach sind Vergnügungsstätten im Sinne des § 4 a III Nr. 2 BauNVO ausnahmsweise zulässig. § 4 a III Nr. 2 wiederum gilt nur für solche Vergnügungsstätten, die nicht wegen ihrer Zweckbestimmung oder ihres Umfangs nur in Kerngebieten allgemein zulässig sind. Es muss in der Klausur der Unterschied zu den sog. *kerngebietstypischen Vergnügungsstätten* hergestellt werden. Diese werden von § 4 a III Nr. 2 nämlich nicht erfasst. Kerngebietstypisch sind alle Vorhaben, die sich an einen größeren Personenkreis richten und auch Interesse über das eigene Einzugsgebiet hinaus wecken. Eine derart große Disco mit über 200 qm Tanzfläche dürfte allerdings kerngebietstypisch, also generell nur in Kerngebieten zulässig sein. Somit wird die Baurechtsbehörde den Antrag ablehnen.

Das Klausurbeispiel zeigt, dass die BauNVO selbst eine Hilfestellung gibt, wenn man die Frage beantworten muss, welche Vorhaben in einem Gebiet zulässig sind und welche nicht. Der konkrete Gebietscharakter kann dabei dem jeweiligen Absatz 2 entnommen werden. Die dort aufgezählten Vorhaben entsprechen der Regelbebauung. Über eine Abgrenzung zu anderen Gebietsarten ist es auch möglich, sich selbst eine Richtschnur zu erarbeiten. Durch diese Vorgehensweise kam es im Beispiel auch zur Differenzierung zwischen kerngebietstypischen Vergnügungsstätten und sonstigen Vergnügungsstätten. Aus dem allgemeinen Gebietscharakter und dem Wortlaut des § 4 III Nr. 2 ergibt sich nämlich, dass § 4 III Nr. 2 kleinere Vorhaben erfasst, während in einem Kerngebiet auch umfangreiche Vorhaben zulässig sein können, die deshalb auch kerngebietstypisch genannt werden.

IV. Raumordnungsgesetz und Landesplanungsgesetz

Seit der Föderalismusreform ist die Raumordnung Bestandteil der konkurrierenden Gesetzgebung, vgl. Art. 74 I Nr. 31 GG. Nach Art. 72 I GG haben die Bundesländer im Bereich der konkurrierenden Gesetzgebung dann die Befugnis zur Gesetzgebung, solange und soweit der Bund von seiner Gesetzgebungszuständigkeit nicht durch Gesetz Gebrauch gemacht hat. Der Bund hat dies durch das Raumordnungsgesetz allerdings getan. Dazu ist es nach Art. 72 II GG auch nicht einmal Voraussetzung, dass das ROG zur Herstellung gleichwertiger Lebensverhältnisse im Bundesgebiet oder zur Wahrung der Rechts- oder Wirtschaftseinheit im gesamtstaatlichen Interesse erforderlich war, da die Raumordnung (Art. 74 I Nr. 31) in Art. 72 II GG nicht genannt wird. Die Länder können in Zukunft aber von den Regelungen des ROG abweichen (vgl. Art. 72 III 1 Nr. 4 GG), haben also eine Abweichungskompetenz.

In der Literatur wird deshalb von der sog. „doppelten Vollkompetenz" (vgl. Ipsen, NJW 2006, 2804) gesprochen. Sowohl der Bund (Art. 74 I Nr. 31 GG) als auch die Länder (Art. 72 III 1 Nr. 4 GG) haben eine Kompetenz zur Regelung der Raumordnung. Was nun? Was passiert, wenn beide von ihrer Gesetzgebungskompetenz Gebrauch machen und es folglich zu einer Normenkollision kommt? Die Antwort auf diese Frage gibt Art. 72 III 3 GG: Danach geht im Verhältnis von Bundes- und Landesrecht das jeweils spätere Gesetz vor.

Die übergeordnete Planung und Fachplanung sind in verschiedenen Gesetzen geregelt. Es gibt auf Bundesebene das Raumordnungsgesetz (ROG). Dieses ist ein Bundesgesetz, welches Regelungen enthält, wodurch der Gesamtraum der Bundesrepublik Deutschland durch Raumordnungspläne und durch Abstimmung raumbedeutsamer Planungen und Maßnahmen entwickelt, geordnet und gesichert werden soll (vgl. § 1 I 1 ROG).

Dass das ROG dem Ziel dient, den Gesamtraum der BRD zusammenfassend und übergeordnet zu strukturieren, verdeutlicht § 13 ROG. Danach ist für das Gebiet eines jeden Landes neben Raumordnungsplänen für die Teilräume der Länder (Regionalpläne) auch ein zusammenfassender und übergeordneter Raumordnungsplan aufzustellen.

So sind beispielsweise durch das *Landesplanungsgesetz Baden-Württemberg* in § 3 Landesentwicklungspläne und Regionalpläne vorgesehen. Durch diese werden die Grundsätze der Raumordnung konkretisiert. Die Bauleitpläne der Gemeinde sind nach § 1 IV BauGB diesen Zielen anzupassen.

Für die Stadtstaaten **Berlin**, **Bremen** und **Hamburg** genügt gemäß § 13 I S. 2 ROG allerdings ein dem BauGB gemäßer Flächennutzungsplan.

C. Die Bauleitplanung

Bauleitpläne sind nach § 1 II BauGB der Flächennutzungsplan (= vorbereitender Bauleitplan) und der Bebauungsplan (= verbindlicher Bauleitplan).

I. Flächennutzungsplan

Welche Darstellungsmöglichkeiten die Gemeinde beim Flächennutzungsplan hat, ergibt sich aus § 5 BauGB. Des Weiteren ist § 1 I BauNVO zu beachten, der vier Bauflächenarten vorgibt. Diese gelten allerdings nur für die Flächen, die für die Bebauung vorgesehen sind. Welche rechtlichen Wirkungen entfaltet der Flächennutzungsplan? Rechtswirkungen gehen vom Flächennutzungsplan nicht bzw. noch nicht aus. Gegen den Flächennutzungsplan gibt es deshalb auch keine Rechtsschutzmöglichkeit. Insbesondere greift nicht die Normenkontrolle, mit der Bebauungspläne gemäß § 47 I Nr. 1 VwGO überprüft werden können.

Allerdings gilt wie so oft: Keine Regel ohne Ausnahme! Die Regel ist, dass Flächennutzungspläne keine rechtliche Wirkung entfalten. Wichtige Ausnahme hiervon ist § 35 III BauGB.

Beispiel 6: Bauherr B möchte auf seinem im Außenbereich liegenden Grundstück ein kleines Gebäude mit Grillplatz errichten, damit er dort seine Wochenenden verbringen kann. Die Gemeinde G hat sein Grundstück im Flächennutzungsplan allerdings als Grünfläche (§ 5 II Nr. 5 BauGB) oder als Fläche für Maßnahmen zum Schutz, zur Pflege und zur Entwicklung von Natur und Landschaft (§ 5 II Nr. 10 BauGB) dargestellt. Damit widerspricht das Vorhaben des B nach § 35 III Nr. 1 BauGB den Darstellungen im Flächennutzungsplan der Gemeinde G und müsste deshalb versagt werden. Durch § 35 III Nr. 1 entfaltet der Flächennutzungsplan also ausnahmsweise rechtliche Wirkungen gegenüber den Bürgern.

Klausurtipp: Die Rechtmäßigkeit eines Flächennutzungsplans wird *inzident gerichtlich* überprüft. Beispiel: Eine Baugenehmigung im Außenbereich wird durch die Behörde mit der Begründung versagt, dass dem Vorhaben als öffentlicher Belang die Darstellungen des Flächennutzungsplans entgegenstehen (bei privilegierten Vorhaben nach § 35 I BauGB) bzw. dadurch öffentliche Belange beeinträchtigt würden (bei nicht privilegierten Vorhaben nach § 35 II BauGB). Hier erfolgt die Prüfung inzident innerhalb der Prüfung der Baugenehmigung.

II. Bebauungsplan

In welchem Verhältnis stehen der Flächennutzungsplan und der Bebauungsplan? Kann eine Gemeinde in einem Flächennutzungsplan für ein Gebiet eine gewerbliche Baufläche festsetzen, um dann ohne Änderung des Flächennutzungsplans im Bebauungsplan ein reines Wohngebiet vorzusehen? Dem könnte § 8 II S. 1 BauGB entgegenstehen. Dieser schreibt vor, dass Bebauungspläne *aus dem Flächennutzungsplan* zu entwickeln sind. Dabei bedeutet „entwickeln" gerade nicht, dass die Festsetzungen des Flächennutzungsplans 1:1 übernommen werden müssen. Allerdings darf der Bebauungsplan auch nicht das Gegenteil dessen vorsehen, was im Flächennutzungsplan festgeschrieben wurde. Vielmehr muss im Bebauungsplan die „Grundkonzeption" des Flächennutzungsplans beachtet werden (BVerwG NVwZ 2000, 197).

Wird für ein Gebiet im Flächennutzungsplan eine gewerbliche Baufläche festgesetzt, im Bebauungsplan aber ein reines Wohngebiet, dann hat die Gemeinde die Grundkonzeption des Flächennutzungsplans nicht eingehalten. Somit liegt ein Verstoß gegen § 8 II BauGB vor. Kann hier nicht § 8 II S. 2 BauGB helfen? Nein, denn diese Norm betrifft eine andere Fallkonstellation. Es darf in diesem Fall überhaupt keinen Flächennutzungsplan geben.

Und § 8 III S. 1 BauGB? Dies könnte eine Möglichkeit sein. Allerdings ist dann ein Parallelverfahren erforderlich. Es müsste dann *mit* der Aufstellung des Bebauungsplans *gleichzeitig* auch der Flächennutzungsplan geändert worden sein. Hier möchte die Gemeinde den Bebauungsplan aber verabschieden, ohne den Flächennutzungsplan zu ändern. § 8 III S. 1 ist deshalb nicht erfüllt.

Auch § 8 IV S. 1 BauGB ist nicht einschlägig, da auch er voraussetzt, dass ein Flächennutzungsplan noch gar nicht existiert. § 8 IV S. 2 wiederum gilt nur für die Sonderfälle der Gebiets- oder Bestandsänderungen von Gemeinden oder anderen Veränderungen der Zuständigkeit für die Aufstellung von Flächennutzungsplänen.

Die dem § 8 II BauGB entsprechende Vorgehensweise sieht daher so aus, dass die Gemeinde z.B. im Flächennutzungsplan eine Wohnbaufläche vorsieht (§ 1 I BauNVO) und den Bebauungsplan daraus entwickelt, indem sie dort ein allgemeines Wohngebiet (§ 4 BauNVO) festsetzt.

Was genau darf die Gemeinde in einem Bebauungsplan festsetzen? Dies ergibt sich aus § 9 BauGB, der detaillierte Regelungen darüber enthält, was die Gemeinde in einem Bebauungsplan festsetzen darf. Wie beim Flächennutzungsplan hat auch hier die Gemeinde nicht das Recht, über die in § 9 BauGB vorgesehenen Festsetzungen hinauszugehen. Vielmehr ist sie an die dortigen Vorgaben gebunden, die allerdings so vielfältig sind, dass sie ihre Planungshoheit frei entfalten kann.

Wichtig ist in diesem Zusammenhang das Zusammenspiel von BauGB und BauNVO. Die Gemeinde kann nämlich die im § 1 II BauNVO aufgezählten Baugebiete im Bebauungsplan festsetzen. So sieht es § 1 III S. 1 BauNVO vor. Die Rechtsfolge einer solchen Festsetzung ergibt sich unmittelbar aus § 1 III S. 2 BauNVO. Danach werden die Vorschriften der §§ 2 bis 14 Bestandteil des Bebauungsplans, soweit nicht aufgrund der Absätze 4 bis 10 des § 1 BauNVO von der Gemeinde etwas anderes bestimmt wird. Hierbei ist insbesondere § 1 VI BauNVO zu beachten. Die Gemeinde kann dadurch festsetzen, dass entweder Ausnahmen, die in der BauNVO vorgesehen sind, nicht Bestandteil des Bebauungsplans werden (Ziffer 1) oder die aufgezählten Ausnahmen allgemein zulässig sind (Ziffer 2).

Beispiel 7: Nach § 4 III Nr. 2 BauNVO können sonstige nicht störende Gewerbebetriebe in einem allgemeinen Wohngebiet ausnahmsweise zugelassen werden. Die Gemeinde kann in ihrem Bebauungsplan aber festsetzen, dass diese Ausnahmeregelung nicht Bestandteil des Bebauungsplans wird und sich ein Antragsteller dann nicht darauf berufen kann.

III. Verfahrensablauf bei der Aufstellung von Bauleitplänen

Der Verfahrensablauf betrifft sowohl die Aufstellung von Flächennutzungsplänen als auch die Aufstellung von Bebauungsplänen und richtet sich nach §§ 2 ff. BauGB. Der Ablauf bei der Aufstellung von Bauleitplänen sieht so aus:

1. Aufstellungsbeschluss

Zu Beginn des Verfahrens steht der Aufstellungsbeschluss. Hierbei beschließt die Gemeinde nach § 2 I BauGB, einen Bauleitplan aufzustellen. § 2 I BauGB umfasst demnach Flächennutzungspläne und Bebauungspläne. Hier kommt es auch zur ersten Verknüpfung zwischen Baurecht und Kommunalrecht. Baurechtlich ist nur geregelt, dass die Bauleitpläne von „der Gemeinde" aufzustellen sind.
Damit ist die Verbandskompetenz der Gebietskörperschaft Gemeinde angesprochen. Das Baurecht regelt hingegen nicht, welche Gemeindeorgane innerhalb der Gemeinde für den Aufstellungsbeschluss zuständig sind. Die Antwort hierauf gibt das Kommunalrecht. In der jeweiligen Gemeindeordnung ist geregelt, welches Organ zuständig ist.

2. Ortsübliche Bekanntmachung

§ 2 I S. 2 sieht vor, dass der Aufstellungsbeschluss ortsüblich bekannt zu machen ist. Was bedeutet das? Letztlich muss denen, die an der Planung interessiert sind, deutlich werden, um welche Planung es sich handelt. Die Bekanntmachung muss, so das Bundesverwaltungsgericht (BVerwGE 55, 369 ff.), eine Anstoßfunktion haben. Sie muss den

Bürger so anstoßen, dass er weiß, um welches Plangebiet es sich handelt.

3. Beteiligung der Behörden, der Träger öffentlicher Belange und der Öffentlichkeit

§ 4 I BauGB schreibt vor, dass die Behörden und Träger öffentlicher Belange, die von der Planung berührt werden können, bei der Aufstellung von Bauleitplänen möglichst frühzeitig beteiligt werden sollen. Die Beteiligung erfolgt über eine Stellungnahme zum jeweiligen Bauleitplan (§ 4 I 3 Bau-GB). Nach § 3 I BauGB ist auch die die Öffentlichkeit möglichst frühzeitig über die allgemeinen Ziele und Zwecke der Planung, sich wesentlich unterscheidende Lösungen, die für die Neugestaltung oder Entwicklung eines Gebiets in Betracht kommen, und die voraussichtlichen Auswirkungen der Planung öffentlich zu unterrichten. Was soll dadurch erreicht werden? Durch die Beteiligung sollen Argumente und Abwägungsmaterial gesammelt werden, vgl. § 4a I BauGB.

4. Veröffentlichung im Internet, § 3 II

Die Entwürfe der Bauleitpläne sind gemäß § 3 II 1 mit der Begründung und den nach Einschätzung der Gemeinde wesentlichen, bereits vorliegenden umweltbezogenen Stellungnahmen für die Dauer eines Monats, mindestens jedoch für die Dauer von 30 Tagen, oder bei Vorliegen eines wichtigen Grundes für die Dauer einer angemessenen längeren Frist im Internet zu veröffentlichen.

Damit soll den Betroffenen die Möglichkeit gegeben werden, Bedenken und entgegenstehende Interessen anhand der Entwürfe und Begründungen erkennen zu können. Deshalb muss die Begründung dem Entwurf auch beiliegen. Die Planentwürfe, Begründungen und umweltbezogenen Stellungnahmen müssen daher vollständig veröffentlicht werden.

5. Bekanntmachung Internetseite bzw. -Adresse

Nach § 3 II 4 BauGB sind die Internetseite oder Internetadresse, unter der die genannten Unterlagen eingesehen werden können, die Dauer der Veröffentlichungsfrist sowie Angaben dazu, welche Arten umweltbezogener Informationen verfügbar sind, vor Beginn der Veröffentlichungsfrist ortsüblich bekannt zu machen.

6. Satzungsbeschluss

Die Gemeinde beschließt den Bebauungsplan als Satzung (§ 10 BauGB). Damit wird der Bebauungsplan zur Rechtsnorm und gilt folglich allgemein und unmittelbar. Was aber ist, wenn der Bauleitplan geändert oder ergänzt wird, wenn also Änderungs- oder Ergänzungswünsche durch die Beteiligung Dritter von der Gemeinde akzeptiert werden? Dann gilt nach § 4a III 1 BauGB, dass der Bauleitplan erneut öffentlich auszulegen ist, bevor der Satzungsbeschluss erfolgt.

§ 10 BauGB gilt für den Bebauungsplan. Was ist mit dem Flächennutzungsplan? Zum Beschluss eines Flächennutzungsplans gibt es im BauGB keine Regelung. Die Beschlussfassung über den Flächennutzungsplan richtet sich deshalb nach den kommunalrechtlichen Vorschriften.

7. Ausfertigung

Der Bebauungsplan muss nach dem Satzungsbeschluss noch ausgefertigt werden. Was bedeutet Ausfertigung? Hintergrund ist zunächst, dass ein Planaufstellungsverfahren oft sehr aufwendig ist und der zu verabschiedende Plan mehrfachen Änderungen unterzogen wird, bis er schließlich von der Gemeinde als Satzung beschlossen wird. Entscheidende Frage ist dann, welcher der verschiedenen Planentwürfe von der Gemeinde beschlossen wurde. Die Ausfertigung soll quasi beurkunden, welcher konkrete Inhalt welches konkreten Bebauungsplans von der Gemeinde tatsächlich verabschiedet wurde. Damit kann festgestellt werden, ob die beschlossene Satzung mit der in Kraft getretenen Satzung identisch ist.

Wie erfolgt die Ausfertigung? Das jeweils nach Landesrecht zuständige Gemeindeorgan prüft und bestätigt. Da die Ausfertigung belegen soll, welcher Planinhalt nun tatsächlich beschlossen wurde, kann sie nur *nach der Beschlussfassung* erfolgen. Erst dann steht fest, welchen Plan die Gemeinde kraft ihrer Planungshoheit als Satzung verabschiedet hat.

Wer ist nun das zuständige Gemeindeorgan? Wer zuständig ist, bestimmt das Landesrecht. Grundsätzlich ist dies der Bürgermeister als Vertreter der Gemeinde nach außen und Vorsitzender des Gemeinderats.

Was muss der Bürgermeister (oder ein anderes zuständiges Gemeindeorgan) machen, damit die Ausfertigung erfolgt? Unter den Lageplan, Text und die Planzeichen etc. setzt der Bürgermeister Datum und Unterschrift. Idealerweise erfolgt dies mit Dienstsiegel und dem Vermerk, dass hiermit die Ausfertigung des Bebauungsplans erfolgt, dies ist aber nicht zwingend notwendig.

Wo ist die Ausfertigung eigentlich gesetzlich geregelt? Sie ist gesetzlich nicht geregelt, aber im Rechtsstaatsprinzip verankert. Die Parallele für Bundesgesetze findet sich in Art. 82 I 1 GG, wonach die nach den Vorschriften des Grundgesetzes zustande gekommenen Gesetze vom Bundespräsidenten *ausgefertigt* werden. Diese Parallele kann als Hilfestellung dienen, auch wenn es sich bei der Satzung um ein Gesetz im materiellen Sinne, nicht im formellen Sinne handelt.

Kurz zur Wiederholung: Gesetze im materiellen Sinne sind alle Rechtsnormen. Gesetze im formellen Sinne sind nur solche Gesetze, die in einem Gesetzgebungsverfahren von einem Gesetzgebungsorgan (z.B. Landtag) beschlossen wurden.

8. Genehmigung

Wurde der Bauleitplan von der Gemeinde beschlossen, muss er noch der höheren Verwaltungsbehörde vorgelegt werden. Dies ergibt sich aus §§ 6, 10 II BauGB. Bezüglich des *Flächennutzungsplans* schreibt § 6 II BauGB eine Rechtmäßigkeitskontrolle der höheren Verwaltungsbehörde vor. Bei *Rechtmäßigkeit* muss diese den Flächennutzungsplan sodann nach § 6 I BauGB genehmigen. Eine Kontrolle der *Zweckmäßigkeit* darf die höhere Verwaltungsbehörde beim Flächennutzungsplan nicht durchführen. Nach § 246 I BauGB entfällt allerdings in den Ländern Berlin und Hamburg die in § 6 I BauGB vorgesehene Genehmigung.

Bei der Genehmigung des *Bebauungsplans* ist zu unterscheiden. § 10 II 1 BauGB sieht eine Genehmigung vor für Bebauungspläne nach § 8 Abs. 2 Satz 2, Abs. 3 Satz 2 und Abs. 4 BauGB. Nach § 246 I BauGB entfällt allerdings wie bei § 6 I BauGB in den Ländern Berlin und Hamburg die in § 10 II BauGB vorgesehene Genehmigung. Für die übrigen Bundesländer bedürfen also nur der selbständige, der im Parallelverfahren aufgestellte und der vorzeitige Bebauungsplan der Genehmigung durch die höhere Verwaltungsbehörde.

Was gilt für die anderen Bebauungspläne? Bei diesen können die Bundesländer bestimmen, dass die Bebauungspläne vor ihrem Inkrafttreten der höheren Verwaltungsbehörde anzuzeigen sind, vgl. § 246 Ia BauGB. Es gilt dann, dass die höhere Verwaltungsbehörde die Verletzung von Rechtsvorschriften, die eine Versagung der Genehmigung nach § 6 II BauGB rechtfertigen würde, innerhalb eines Monats nach Eingang der Anzeige geltend zu machen hat.

Wie kann eine Gemeinde prozessual dagegen vorgehen, wenn die Genehmigung nicht erteilt wird? Die Gemeinde kann zunächst Widerspruch gegen den ablehnenden Bescheid erheben und dann mit der Verpflichtungsklage auf Erteilung der Genehmigung klagen.

Dies setzt voraus, dass es sich bei der Genehmigung um einen *Verwaltungsakt* handelt. Welches Merkmal eines Verwaltungsakts nach § 35 LVwVfG könnte hier problematisch sein? Problematisch erscheint hier das Merkmal der *Außenwirkung* der Maßnahme. So sind etwa Weisungen einer Aufsichtsbehörde gegenüber der Gemeinde mangels Außenwirkung nach § 35 LVwVfG grundsätzlich kein Verwaltungsakt. Anders ist es, wenn durch eine Maßnahme in die durch Art. 28 II GG garantierte kommunale Selbstverwaltung eingegriffen wird. Dazu gehört neben anderen Hoheitsbereichen auch die *Planungshoheit der Gemeinde.* Durch die Ablehnung der Genehmigung liegt ein Eingriff in diese Planungshoheit der Gemeinde vor. Hieraus folgt die Außenwirkung und damit Verwaltungsaktsqualität der Maßnahme.

Woraus ergibt sich dann die Klagebefugnis der Gemeinde nach § 42 II VwGO? Diese folgt aus Art. 28 II GG, der die kommunale Selbstverwaltung der Gemeinden garantiert, also unter anderem die Planungs- und Organisationshoheit.

9. Öffentliche Bekanntmachung

So, wie ein Bundesgesetz im Bundesgesetzblatt veröffentlicht werden muss (Art. 82 I 1GG), tritt auch ein von der Gemeinde beschlossener und von der höheren Verwaltungsbehörde genehmigter Bauleitplan erst in Kraft, nachdem er öffentlich bekannt gemacht wurde.

IV. Mängel der Bauleitplanung und deren Folgen

Der oben dargestellte Ablauf der Aufstellung eines Bauleitplans ist der Idealfall. Voraussetzung für den Idealfall ist zudem, dass während des Verfahrens keine Fehler gemacht werden. Dies ist allerdings weder praxisnah noch klausurtypisch. In einer Klausur werden während des Verfahrens von den verschiedenen Beteiligten unter Umständen in jedem Verfahrensabschnitt Fehler gemacht. Die Aufgabe in einer Klausur ist es dann, zu prüfen, ob und wie sich diese Fehler auf die Rechtmäßigkeit des Bebauungsplans (= der Satzung) auswirken.

Nun wäre es nicht verfahrensökonomisch, die Satzung bei jedem Fehler scheitern zu lassen. Dies wäre insbesondere dann nicht sinnvoll, wenn die Satzung in einem neuen Verfahren ohnehin so erlassen werden könnte, wie beabsichtigt. Deshalb gibt es im Baugesetzbuch Vorschriften, die die Frage der Rechtsfolgen von Mängeln regeln. Dies sind § 214 und § 215 BauGB. Systematisch stellt es sich dadurch wie folgt dar: Im Gegensatz zum Verwaltungsakt, der nur in besonderen Fällen (§ 44 VwVfG) zur Nichtigkeit führt, sind Gesetze, Rechtsverordnung und Satzungen grundsätzlich nichtig, wenn formelle oder materielle Fehler festgestellt werden. Beim Bauleitplan wird allerdings die gerichtliche Kontrollmöglichkeit von Mängeln durch die §§ 214 f. BauGB auf bestimmte Mängel reduziert. Mängel können danach völlig unbeachtlich sein oder sind nur bei Einhaltung von Fristen beachtlich. Die übrigen Mängel führen nicht zur Nichtigkeit des Bauleitplans.

1. § 214 BauGB

§ 214 BauGB regelt die Beachtlichkeit der Verletzung von Vorschriften über die Aufstellung von Bauleitplänen. Außerdem sieht § 214 IV BauGB ein ergänzendes Verfahren zur Behebung von Fehlern vor, wobei die Bauleitpläne rückwirkend in Kraft gesetzt werden können.

Ein *beachtlicher* Fehler liegt nach § 214 I Nr. 4 BauGB vor, wenn der Beschluss der Gemeinde über den Flächennutzungsplan oder die Satzung nicht gefasst, eine Genehmigung nicht erteilt oder der mit der Bekanntmachung des Flächennutzungsplans oder der Satzung verfolgte Hinweiszweck nicht erreicht worden ist.

Beispiel 9: Gemeinde G hat überhaupt keinen Aufstellungsbeschluss gefasst.

Ein Beispiel für einen *unbeachtlichen* Verfahrensfehler ist die fehlende frühzeitige Beteiligung der Öffentlichkeit nach § 3 I BauGB. Warum ist dies so? Weil § 214 I BauGB dies nicht erwähnt.

Beachtlich ist es nach § 214 I Nr. 2 BauGB hingegen, wenn beispielsweise die Vorschriften über die Öffentlichkeits- und Behördenbeteiligung nach § 3 II, § 4 II etc. verletzt worden sind. Dies wiederum ist allerdings nach § 214 I Nr. 2a) BauGB unbeachtlich, wenn die entsprechenden Belange unerheblich waren oder in der Entscheidung sogar berücksichtigt worden sind.

Was kann getan werden, wenn beachtliche Fehler vorliegen? Dann bleibt die Möglichkeit des § 214 IV BauGB, wonach der Flächennutzungsplan oder der Bebauungsplan durch ein ergänzendes Verfahren zur Behebung von Fehlern auch rückwirkend in Kraft gesetzt werden können. Es genügt dabei, dass die fehlerhaften Verfahrensabschnitte erneut und dann fehlerfrei vorgenommen werden.

2. Fristregelung nach § 215 BauGB

§ 215 I BauGB regelt die Frist für die Geltendmachung der Verletzung von Vorschriften. Danach werden eine nach § 214 I 1 Nr. 1 bis 3 BauGB beachtliche Verletzung von Verfahrens- oder Formvorschriften (Ziffer 1), eine unter Berücksichtigung des § 214 II BauGB beachtliche Verletzung der Vorschriften über das Verhältnis des Bebauungsplans und des Flächennutzungsplans (Ziffer 2) und nach § 214 III 2 beachtliche Mängel des Abwägungsvorgangs (Ziffer 3) *unbeachtlich,* wenn sie nicht innerhalb *eines Jahres* seit Bekanntmachung des Flächennutzungsplans oder des Bebauungsplans (Satzung nach § 10 I BauGB) schriftlich gegenüber der Gemeinde unter Darlegung des die Verletzung begründenden Sachverhalts geltend gemacht worden sind. Beachtliche Fehler können so allein durch Fristablauf zu unbeachtlichen Fehlern werden.

Allerdings setzt § 215 II BauGB eine weitere Hürde, damit aus beachtlichen Fehlern unbeachtliche werden. Demnach muss die Gemeinde bei Inkrafttreten eines Bauleitplans auf die Voraussetzungen für die Geltendmachung der Verletzung von Vorschriften und auf die entsprechenden Rechtsfolgen hingewiesen haben. Hat die Gemeinde dies nicht getan, erfolgt keine Heilung der Fehler. Die beachtlichen Fehler bleiben beachtlich. Die Gemeinde kann diesen Hinweis allerdings nachträglich vornehmen.

3. § 216 BauGB

§ 216 BauGB stellt lediglich fest, dass die Verpflichtung der für das Genehmigungsverfahren zuständigen Behörde, die Einhaltung der Vorschriften zu prüfen, deren Verletzung sich nach den §§ 214 und 215 BauGB auf die Rechtswirksamkeit eines Bauleitplans nicht auswirkt, unberührt bleibt. Es stellt sich die Frage, an welcher Stelle in der Klausur eigentlich geprüft wird, ob ein Fehler Auswirkungen auf die Wirksamkeit eines Bauleitplans hat oder nicht.

Einmal könnte man natürlich zunächst alle Zuständigkeits-, Verfahrens- und Formfehler sowie inhaltlichen Fehler der Reihe nach auflisten und sich dann den Konsequenzen dieser Fehler für die Wirksamkeit des Bauleitplans widmen. Sinnvoller erscheint es aber, die Prüfung der möglichen Beachtlichkeit bzw. Unbeachtlichkeit eines Fehlers direkt der Feststellung dieses Fehlers folgen zu lassen. So lassen sich Fehler und Fehlerfolgen in einem Durchgang abhandeln. Man kann dann Punkt für Punkt durchprüfen, ohne am Ende nochmals alles aufrollen zu müssen.

Beispiel 10: Der Flächennutzungsplan der Gemeinde G weist ein bestimmtes Gebiet als reines Wohngebiet aus. Um die Ansiedlung eines neuen Einkaufszentrums zu ermöglichen, beschließt die Gemeinde die Aufstellung eines Bebauungsplans. Das entsprechende Gebiet wird nun als Kerngebiet ausgewiesen. Die G vergisst bei Inkrafttreten des Bebauungsplans, auf die Voraussetzungen für die Geltendmachung der Verletzung von Vorschriften und auf die entsprechenden Rechtsfolgen hinzuweisen. Dass die Gemeinde aus dem reinen Wohngebiet im Flächennutzungsplan durch den Bebauungsplan unmittelbar ein Kerngebiet macht, stellt einen Verstoß gegen das in § 8 II 1 BauGB verankerte Entwicklungsgebot dar. Die Baurechtsbehörde weigert sich deshalb, die dem Bauunternehmer informell vom Bürgermeister der G versprochene Baugenehmigung für das Einkaufszentrum zu erteilen. Bauunternehmer B geht deshalb mit einer Verpflichtungsklage auf Erteilung der Baugenehmigung gegen die G vor.

In der Klausur könnte man die Prüfung eines Verstoßes gegen das Entwicklungsgebot des § 8 II 1 BauGB sowie eine mögliche Heilung wie folgt vornehmen:

A. Eröffnung des Verwaltungsrechtswegs

B. Zulässigkeit der Verpflichtungsklage

C. Begründetheit der Verpflichtungsklage

Die Verpflichtungsklage des B hat nach § 113 V VwGO dann Erfolg, wenn die Ablehnung der von B beantragten Baugenehmigung rechtswidrig und der B dadurch in eigenen Rechten verletzt ist sowie die Spruchreife der Sache besteht. Dies ist dann der Fall, wenn dem B ein Anspruch auf Erteilung der Baugenehmigung zusteht.

I. Anspruchsgrundlage: Der Anspruch des B auf Erteilung einer Baugenehmigung für das Einkaufszentrum könnte sich aus § 58 I BauO **BaWü**, Art. 68 BauO **Bay**, § 71 I BauO **Berl**, § 72 BauO **Brbg**, § 72 BauO **Brem**; § 72 I BauO **HH**, § 74 I BauO **Hess**, § 72 BauO **MV**, § 70 I BauO **Nds**, § 74 I BauO **NW**, § 70 BauO **RhPf**, § 73 BauO **Saarl**, § 72 I BauO **Sachs**, § 71 BauO **SA**, § 73 I BauO **SH**, § 71 I BauO **Thür** ergeben.

II. Formelle Rechtmäßigkeit: Prüfung von Zuständigkeit, Verfahren, Form.

III. Materielle Rechtmäßigkeit: B hat nach der o.g. Norm der BauO einen Anspruch auf Erteilung der Baugenehmigung, wenn seinem Bauvorhaben öffentlich-rechtliche Vorschriften nicht entgegenstehen.

1) Ein Verstoß gegen bau*ordnungsrechtliche* Vorschriften ist nicht ersichtlich.

2) Das Vorhaben müsste auch bau*planungsrechtlich* zulässig sein. Dies könnte sich nach § 7 BauNVO (Kerngebiet) richten. Als solches wurde das Gebiet von der G im Bebauungsplan zuletzt ausgewiesen. Dazu müsste der Bebauungsplan allerdings rechtmäßig sein. Hier könnte ein Verstoß gegen das Entwicklungsgebot des § 8 II BauGB vorliegen. Danach sind Bebauungspläne aus dem Flächennutzungsplan zu entwickeln. Gemeint ist damit, dass die Grundkonzeption des Flächennutzungsplans übernommen wird. Der Flächennutzungsplan der G weist das Gebiet als reines Wohngebiet aus, der Bebauungsplan dagegen als Kerngebiet. Damit wird die Grundkonzeption des Flächennutzungsplans nicht übernommen. Dies stellt einen Verstoß gegen § 8 II 1 BauGB dar. Somit ist der Bebauungsplan rechtswidrig. Aus den §§ 214, 215 BauGB kann sich hier schon deshalb nichts anderes ergeben, da die Gemeinde nach § 215 II BauGB nicht auf die Rechtsfolgen hingewiesen hat.

Ergebnis: Der Antrag auf Erteilung der Baugenehmigung wurde zu Recht abgelehnt. B hat keinen Anspruch auf Erteilung der Baugenehmigung. Die Klage ist zwar zulässig, aber unbegründet und hat deshalb keinen Erfolg.

Warum wird in obigem Beispiel eigentlich zwischen der Gemeinde und der Baurechtsbehörde unterschieden? Dies liegt daran, dass zunächst die Bauleitplanung Angelegenheit der *Gemeinde* ist. Sie zählt zur Planungshoheit der Gemeinden, die durch Art. 28 II GG verfassungsrechtlich geschützt ist. Bei der Erteilung einer Baugenehmigung wird allerdings nicht nur über die bauplanungsrechtliche Zulässigkeit des Vorhabens entschieden, sondern auch über die bauordnungsrechtliche Zulässigkeit. Damit wird unter anderem die bau(polizei)liche Sicherheit der Gebäude angesprochen. Sicherheitsfragen sind kein Teil der Planungshoheit und damit nicht Selbstverwaltungsangelegenheit der Gemeinden. Vielmehr gehören sie in den Kompetenzbereich der Länder. Die unteren Baurechtsbehörden, die für die Erteilung der Baugenehmigungen sachlich zuständig sind, sind folglich *Länderbehörden.* Die Gemeinden erhalten im Genehmigungsverfahren eine Beteiligungsmöglichkeit über § 36 BauGB.

Beispiel 11: Die Baurechtsbehörde entscheidet über die Zulässigkeit von Bauvorhaben nach §§ 31, 33, 35 BauGB im Einvernehmen mit der Gemeinde. Einvernehmen bedeutet dabei nicht weniger als die Zustimmung der jeweiligen Gemeinde. Damit wird ihrer Planungshoheit Rechnung getragen.

V. Prüfschema zum Bebauungsplan

Das Prüfschema folgt der Aufteilung nach organisatorischen (formellen) und inhaltlichen (materiellen) Fragen. Unser gesamtes Rechtssystem entspricht dieser Aufteilung. In der Klausur wird dementsprechend zunächst die formelle Rechtmäßigkeit geprüft, bevor man sich den inhaltlichen Fragen bei der Prüfung der materiellen Rechtmäßigkeit widmet. Zu Beginn der Prüfung, ob ein Bebauungsplan rechtmäßig ist oder nicht, sollte eines klar sein: Der Bebauungsplan wird nach § 10 BauGB als *Satzung* beschlossen. Bei der Prüfung der Rechtmäßigkeit eines Bebauungsplans wird folglich die *Rechtmäßigkeit einer Satzung* untersucht.

Schema: Rechtmäßigkeit eines Bebauungsplans

A. Formelle Rechtmäßigkeit

I. Kompetenz = Zuständigk. zum Erlass d. Bebauungsplans

1. Verbandskompetenz: Zuständig sind nach § 2 I BauGB die Gemeinden als Gebietskörperschaften

2. Organkompetenz: Wer ist innerhalb der Gemeinden zuständig? Der Gemeinderat, dies ergibt sich aus der jeweiligen Gemeindeordnung.

II. Aufstellungsbeschluss, § 2 I BauGB

III. Ortsübliche Bekanntmachung, § 2 I Satz 2 BauGB

IV. Beteiligung der Öffentlichkeit und der Träger öffentlicher Belange, §§ 3 I, 4 I BauGB

V. Umweltprüfung mit Erstellung des Umweltberichts, §§ 2 IV, 2a S. 2 Nr. 2 BauGB

VI. Bekanntmachung der Veröffentlichung, § 3 II 4 BauGB

VII. Veröffentlichung im Internet, § 3 II 1 BauGB

VIII. Förmliche Beteiligung der Öffentlichkeit und Träger öffentlicher Belange, §§ 3 II, 4 II BauGB

IX. Satzungsbeschluss

1. Nach § 10 I BauGB beschließt die Gemeinde den Bebauungsplan als Satzung.
2. Vorliegen der kommunalrechtlichen Satzungsbeschlussvoraussetzungen. Hier müssen auch die kommunalrechtlichen Heilungsnormen beachtet werden.

X. Ausfertigung

XI. Genehmigung bzw. Anzeige, §§ 6, 10 II, 246 BauGB

XII. Öffentliche Bekanntmachung, § 10 III BauGB

XIII. Ggf. Heilung von Verfahrens- und Formvorschriften gemäß §§ 214 ff. BauGB

B. Materielle Rechtmäßigkeit

I. Erforderlichkeit der Planung, § 1 III BauGB

II. Liegt ein Verstoß gegen das Entwicklungsgebot nach § 8 II BauGB vor?

III. Abwägungsfehler nach § 1 VII BauGB?

IV. Verstöße gegen höherrangiges Recht (z.B. Entschädigung bei Enteignung, Art. 14 GG) ?

V. Ggf. Heilung von Fehlern gemäß §§ 214 ff. BauGB

Klausurtipp: Wie man sieht, kommt man bei der Prüfung ohne kommunalrechtliche Vorschriften nicht aus. Diese müssen nicht immer relevant sein, allerdings sollte man die Unterscheidung zwischen Verbands- und Organkompetenz beherrschen und die kommunalrechtliche Vorschrift kennen, aus der sich die Zuständigkeit des Organs „Gemeinderat" innerhalb des Verbandes „Gemeinde" zum Erlass eines Bebauungsplans (einer Satzung) ergibt. Zudem ist es wichtig, sich die Verknüpfungsmöglichkeit verschiedener Rechtsgebiete in einer Klausur klar zu machen. So können in einer „Baurechts-Klausur" neben baurechtlichen Normen auch unter Punkt „IX. Satzungsbeschluss" Vorschriften aus dem Kommunalrecht (z.B. Mitwirkungsverbot wegen „Befangenheit" gemäß **§ 49 GO Bay**; § 18 GO **BaWü**; § 22 **BbgKVerf**; § 25 GO **Hess**; § 24 KV **MV**; § 41 **NKomVG**; § 31 GO **NW**; § 22 GO **RhPf**; § 27 KSVG **Saarl**; § 20 GO **Sachs**; § 33 KVG **LSA**; § 22 GO **SH**; § 38 KO **Thür**) und darüber hinaus verfassungsrechtliche Fragen zu behandeln sein.

VI. Gemeindliche Planungshoheit

Die unter anderem in § 36 BauGB ihre Ausprägung findende gemeindliche Planungshoheit ist ein eigenes Kapitel wert, da sie in Klausuren oft eine Rolle spielt. Hierzu ein kleiner Rückgriff auf das Kommunalrecht. Nach Art. 28 II GG wird die kommunale Selbstverwaltung garantiert. Art. 28 II GG umfasst einmal die institutionelle Garantie der kommunalen Selbstverwaltung. Damit wird garantiert, dass es Kommunen, also Städte und Gemeinden sowie Landkreise als solche überhaupt gibt.

Darüber hinaus gewährleistet die Selbstverwaltungsgarantie des Art. 28 II GG den Kommunen auch, alle Angelegenheiten der örtlichen Gemeinschaft im Rahmen der Gesetze in eigener Verantwortung zu regeln. Damit muss ihnen ein eigener Aufgabenbereich zukommen, den sie eigenverantwortlich regeln dürfen. Zu den klassischen Aufgabenbereichen einer Gemeinde zählt dabei die Planungshoheit. Das ist die Befugnis der Gemeinde, selbst zu regeln und zu gestalten, wie die Flächen des Gemeindegebiets gestaltet und genutzt werden.

Art. 28 II 1 GG garantiert dies allerdings nur im „Rahmen der Gesetze". Die dazu notwendige Konkretisierung und auch Einschränkung der kommunalen Planungshoheit findet sich in zahlreichen Vorschriften des BauGB. Die wichtigsten sind: § 1 III BauGB, § 1 VII BauGB, § 2 II BauGB und § 36 BauGB. So zeigt die Planungshoheit ihre Wirkung auch *zwischen* den Gemeinden, was in § 2 II BauGB, dem sog. Gebot interkommunaler Abstimmung der Bauleitpläne benachbarter Gemeinden, zum Ausdruck kommt.

Beispiel 12: Fachmarktzentren oder Factory-Outlet-Center der Gemeinde G können die Einzelhändlerstrukturen und damit auch die planerischen Vorgaben der Nachbargemeinde N massiv einschränken. Hier greift unter bestimmten Voraussetzungen § 2 II BauGB ein.

Durch Einführung des § 2 II 2 BauGB wurden die Klagebefugnisse der Gemeinde erweitert. Nach dieser Vorschrift können sich die Gemeinden auch auf die ihnen durch Ziele der Raumordnung zugewiesenen Funktionen und auf die Auswirkungen der Bauleitpläne anderer Gemeinden auf ihre eigenen Versorgungsbereiche berufen. § 2 II 2 BauGB steht in Zusammenhang mit dem ebenfalls eingefügten § 34 III BauGB, wonach von baulichen Vorhaben innerhalb der im Zusammenhang bebauten Ortsteile – dazu später mehr – keine schädlichen Auswirkungen auf zentrale Versorgungsbereiche in der Gemeinde oder in anderen Gemeinden zu erwarten sein dürfen.

Während § 2 BauGB das Abstimmungsgebot inhaltlich ausgestaltet, regelt § 4 BauGB das Verfahren. Die Gemeinden sind Träger öffentlicher Belange und haben gemäß § 4 BauGB das Recht, bei der Bauleitplanung benachbarter Kommunen beteiligt zu werden.

Nun zur wichtigen Vorschrift des **§ 36 BauGB.** Danach wird über die Zulässigkeit von Vorhaben nach den §§ 31, 33 bis 35 BauGB im bauaufsichtlichen Verfahren von der Baugenehmigungsbehörde *im Einvernehmen* mit der Gemeinde entschieden. Mit Einvernehmen ist gemeint, dass die Gemeinde einem baulichen Vorhaben zustimmt.

Die Gemeinden agieren teilweise jedoch selbst als untere Verwaltungsbehörde und nehmen im Auftrag des Landes Verwaltungsaufgaben wahr. So ist es auch, wenn die Gemeinden als Baurechtsbehörde fungieren. Dann entscheidet die Gemeinde als untere Baurechtsbehörde z.B. über die Genehmigung eines Bauantrags. Zugleich müsste die Gemeinde dann gemäß § 36 BauGB mit sich selbst das Einvernehmen herstellen. Es ist nach der herrschenden Meinung in diesem Fall deshalb nicht erforderlich, das Einvernehmen durch einen förmlichen Akt herzustellen.

Was aber geschieht, wenn die Gemeinde zugleich als untere Baurechtsbehörde agiert und das Einvernehmen nicht erteilen möchte? Dann ist
nach der Rechtsprechung des Bundesverwaltungsgerichts (KommJur
2004, 468) § 36 BauGB nicht anwendbar. Deshalb entfalle die Möglichkeit
der Gemeinde, das Einvernehmen zu versagen. § 36 BauGB diene der
Sicherung der gemeindlichen Planungshoheit. Die Gefahr, dass die
Baurechtsbehörde über den Kopf der Gemeinde hinweg entscheide,
bestehe nicht, wenn Baurechtsbehörde und Gemeinde identisch seien.

Die Baurechtsbehörde prüft zudem, ob die Voraussetzungen
der §§ 31, 34 und 35 BauGB vorliegen und nur aus den in
§§ 31, 34 und 35 genannten Gründen darf das Einvernehmen gemäß § 36 II BauGB versagt werden. Ist die mit der
Gemeinde identische Baurechtsbehörde demnach der An-
sicht, ein Vorhaben erfülle nicht die Voraussetzungen dieser
Vorschriften, kann sie die beantragte Baugenehmigung direkt versagen.

Warum muss die Gemeinde bei § 30 BauGB eigentlich ihr
Einvernehmen nicht erklären? Dies liegt daran, dass die Gemeinde ihre Planungshoheit bereits durch die Gestaltung
und Verabschiedung des Bebauungsplans verwirklicht hat.
Diese stellt gewissermaßen das vorweggenommene gemeindliche Einverständnis zur konkreten Bebauung und
Nutzung dar, welches die Gemeinde durch ihren Bebauungsplan zum Ausdruck gebracht hat.

In welcher Form kann § 36 BauGB in einer **Klausur** abge-
fragt werden? § 36 kann z.B. auftauchen, wenn in einer
Klausur die Nichtigkeit eines Bebauungsplans festgestellt
wird. Dann richtet sich die weitere Prüfung der Genehmi-
gungsfähigkeit eines Bauantrags unter Umständen nach
§§ 33 bis 35 BauGB, wofür dann wiederum das Einvernehmen der Gemeinde notwendig ist (§ 36 BauGB).

Beispiel 13: Wegen unterlassener Beteiligung der Öffentlichkeit ist der
Bebauungsplan „Dorfgebiet" der Gemeinde G nichtig. Bauherr B hatte vor
Feststellung der Nichtigkeit einen Bauantrag gestellt. Da §§ 30, 31 BauGB
mangels wirksamen Bebauungsplans nun nicht mehr einschlägig sind,
beurteilt sich das Vorhaben nach § 34 BauGB oder § 35 BauGB. In der
Klausur kann dies so geprüft werden:

I. Das bauliche Vorhaben des B könnte nach § 29 i.V.m. § 30 I BauGB zulässig sein. Im Geltungsbereich eines Bebauungsplans ist ein Vorhaben zulässig, wenn es den Festsetzungen des Bebauungsplans entspricht und die Erschließung gesichert ist. G hat die entsprechende Fläche im Bebauungsplan als Dorfgebiet festgesetzt. Danach ...

II. Dazu müsste der entsprechende Bebauungsplan allerdings rechtmäßig sein. Vorliegend könnte dies an der fehlenden Beteiligung der Öffentlichkeit scheitern ... Ein rechtswidriger Bebauungsplan ist nichtig.

III. Das bauliche Vorhaben des B könnte aber nach § 29 i.V.m. § 34 BauGB zulässig sein. Dann müsste es sich um einen im Zusammenhang bebauten Ortsteil handeln und sich das Vorhaben einfügen ...

IV. Zudem müsste nach § 36 I BauGB das Einvernehmen der Gemeinde vorliegen...

Was passiert nun, wenn die Gemeinde ihr Einvernehmen in unzulässiger Weise versagt? Wie muss die Baurechtsbehörde dann gegenüber dem Antragsteller verfahren? Sie muss, will sie rechtmäßig vorgehen, die beantragte Baugenehmigung ablehnen. Der Bauherr kann dann gegen den ablehnenden Bescheid gerichtlich vorgehen. In einem Verfahren vor dem Verwaltungsgericht ist die Gemeinde dann nach § 65 II VwGO notwendig beizuladen und an das Urteil gebunden.

VII. Abwägung in der Bauleitplanung

Ein für Klausuren beliebtes Thema in der Bauleitplanung ist die Abwägung der unterschiedlichen Interessen, die bei der Aufstellung von Flächennutzungs- und Bebauungsplänen aufeinander treffen.

Beispiel 14: Ein großer Einkaufskomplex dient einerseits den Belangen der Wirtschaft, andererseits gehen davon aufgrund des Einzugsgebiets und des damit verbundenen Verkehrs auch Immissionen aus, die Auswirkungen auf Mensch und Umwelt haben. Diese Interessen sind im Rahmen der Bauleitplanung zu berücksichtigen und abzuwägen.

Bei der Abwägung nach § 1 VII BauGB sind die öffentlichen und privaten Belange sowohl gegeneinander als auch untereinander gerecht abzuwägen. Es müssen demnach die privaten Belange gegeneinander und untereinander, die öffentlichen Belange gegeneinander und untereinander sowie die privaten und öffentlichen Belange gegeneinander und untereinander einer Abwägung zugeführt werden. Dabei kommt den öffentlichen Belangen kein Vorrang zu. Vielmehr muss stets im Einzelfall entschieden werden, welchen Belangen nach § 1 V, VI BauGB ein größeres Gewicht eingeräumt wird.

Die Abwägung obliegt der Gemeinde kraft ihrer Planungshoheit. Dabei kann sie jedoch nicht nach Belieben vorgehen, sondern muss die Abwägungsgrundsätze beachten. Dies setzt voraus, dass die Gemeinde zum einen nicht von vornherein Alternativplanungen ausschließt und auch alle öffentlichen und privaten Belange berücksichtigt, die im konkreten Fall betroffen sind. Um dies sicherzustellen, gibt es das Verfahren der Beteiligung der Bürger und der Träger öffentlicher Belange. Bei den in § 1 V, VI BauGB aufgeführten Interessen handelt es sich um unbestimmte Rechtsbegriffe, die auf ihre Auslegung hin gerichtlich überprüfbar sind.

D. Bauplanungsrechtliche Zulässigk. von Bauvorhaben

I. Innenbereich, im Zusammenhang bebaute Ortsteile und Außenbereich

Es gibt bei der Prüfung, ob ein Bauvorhaben bauplanungsrechtlich zulässig ist, eine entscheidende Weichenstellung. Das ist die Frage, wo, also in welchem Bereich, das Vorhaben errichtet, geändert oder genutzt werden soll. Zunächst muss es zur Anwendung der §§ 30 ff. BauGB kommen. Die Anwendung richtet sich nach § 29 I BauGB. Danach gelten für Vorhaben, die die Errichtung, Änderung oder Nutzungsänderung von baulichen Anlagen zum Inhalt haben die §§ 30 ff. BauGB. Was baulichen Anlagen sind, richtet sich nach dem sog. *bauplanungsrechtlichen Anlagenbegriff* (§ 29 I BauGB). Er ist ein gesetzlich nicht definierter und vom bauordnungsrechtlichen Begriff der baulichen Anlage nach der LBO unabhängiger Begriff.

Welche baulichen Anlagen werden nun von § 29 I BauGB erfasst? Alle Anlagen, die dauerhaft mit dem Erdboden verbunden werden und bodenrechtlich relevant sind bzw. die bodenrechtlichen Belange berühren, also ein Bedürfnis nach Planung hervorrufen. Dies ist der Fall, wenn die Belange des § 1 VI BauGB so berührt werden, dass eine Regelung durch Bauleitplanung erfolgen müsste.

Ist der Begriff der baulichen Anlage gegeben, gibt es drei Bereiche, in die das Vorhaben fallen kann:

- Das Vorhaben fällt in den Bereich, für den ein **Bebauungsplan** existiert ➜ dann ist § 30 BauGB anzuwenden.

- Das Vorhaben fällt in einen Bereich, für den zwar kein Bebauungsplan existiert, der aber aus **im Zusammenhang bebauten Ortsteilen** besteht ➜ dann ist § 34 BauGB anzuwenden.

- Das Vorhaben fällt in den **Außenbereich** ➜ dann ist § 35 anzuwenden.

Eine andere Möglichkeit gibt es nicht, weil im BauGB nur diese drei Bereiche genannt werden.

1. Vorhaben im Geltungsbereich eines Bebauungsplans (§ 30 BauGB)

a) Voraussetzungen des § 30 BauGB

Wenn für ein Gebiet ein Bebauungsplan existiert, ist § 30 I BauGB einschlägig. Der Innenbereich setzt sich demgemäß aus den Gemeindeflächen zusammen, für die ein *qualifizierter Bebauungsplan* nach § 30 I BauGB existiert. Ein *einfacher* Bebauungsplan genügt nach § 30 III BauGB nicht. Dann richtet sich die Zulässigkeit eines Bauvorhabens zunächst nach den Festsetzungen im Bebauungsplan, im Übrigen nach § 34 oder § 35 BauGB.

Der Unterschied zwischen einem qualifizierten und einem einfachen Bebauungsplan liegt also darin, dass der qualifizierte Bebauungsplan im Gegensatz zum einfachen Bebauungsplan Festsetzungen über die Art und das Maß der baulichen Nutzung, die überbaubaren Grundstücksflächen und die örtlichen Verkehrsflächen enthält. Bei der *Art der baulichen Nutzung* geht es um den Gebietscharakter, also beispielsweise um die Frage, ob in einem Gebiet Wohngebäude vorherrschend sind oder sich Wohngebäude mit Einzelhandelsbetrieben und Läden etc. mischen. Das *Maß der baulichen Nutzung* wird hingegen durch die Geschoßflächenzahl, die Baumassenzahl oder die Höhe baulicher Anlagen bestimmt, vgl. § 16 BauNVO.

Existiert für ein Gebiet ein qualifizierter Bebauungsplan, darf die Prüfung der Zulässigkeit des Vorhabens nur nach §§ 30, 31 BauGB erfolgen. Eine Prüfung nach § 34 oder § 35 BauGB darf in der Klausur dann *nicht* vorgenommen werden. Ausnahme: Es stellt sich heraus, dass der Bebauungsplan aus irgendwelchen Gründen nichtig und damit nicht existent ist. Dann ist § 30 BauGB natürlich nicht mehr Prüfungsmaßstab. Die Zulässigkeit eines Vorhabens richtet sich dann nach § 34 oder § 35 BauGB.

Beispiel 15: Ein Bebauungsplan der Gemeinde G sieht für eine bestimmte Gemeindefläche ein reines Wohngebiet vor. Bauherr B stellt einen Antrag auf Baugenehmigung zum Bau eines Wohnhauses. Nun stellt sich heraus, dass der Bebauungsplan der G nichtig ist, da das Abwägungsgebot verletzt wurde. § 30 BauGB scheidet aus der Prüfung deshalb aus. Vielmehr ist nun zu prüfen, ob das Bauvorhaben des B nach § 34 oder § 35 BauGB zulässig ist.

Also: Die §§ 30, 34 und 35 BauGB können nie in einer Kombination auftauchen!

b) § 30 BauGB und Baunutzungsverordnung

Im Bebauungsplan können von der Gemeinde Baugebiete festgesetzt werden. In 1 II BauNVO sind diese Baugebiete aufgelistet. § 1 III S. 2 BauNVO regelt zudem, dass durch die Festsetzung eines Baugebiets die jeweiligen Vorschriften der BauNVO Bestandteil des Bebauungsplans werden.

Beispiel 16: Gemeinde G beschließt die Festsetzung eines reinen Wohngebiets für eine bestimmte Fläche durch Bebauungsplan (Satzung). Damit wird § 3 BauNVO Bestandteil des Bebauungsplans. Konsequenz dessen ist zum Beispiel, dass dann Läden und nicht störende Handwerksbetriebe nach § 3 III BauNVO von der Baurechtsbehörde nur ausnahmsweise zugelassen werden können. Möchte die Gemeinde erreichen, dass Läden und nicht störende Handwerksbetriebe generell und nicht nur ausnahmsweise zulässig sind, muss sie für die vorgesehene Fläche durch Bebauungsplan ein *allgemeines Wohngebiet* festsetzen. Dann sind nach § 4 I BauNVO Läden und nicht störende Handwerksbetriebe zulässig, zumindest soweit sie der Versorgung des Gebiets dienen.

Klausurtipp: Was bedeutet dies für die Vorgehensweise in einer Klausur? Hat die Gemeinde nach Sachverhalt ein bestimmtes Baugebiet nach BauNVO vorgesehen, werden bei der Prüfung der Zulässigkeit eines Bauvorhabens direkt die jeweiligen Vorschriften der BauNVO herangezogen. Möchte also Bauherr B in einem *reinen* Wohngebiet ein kleines Sport-Zentrum für asiatische Kampfkünste errichten, leitet man die Prüfung damit ein, dass dieses Vorhaben gegen die Festsetzungen des Bebauungsplans verstoßen könnte, § 30 I BauGB. Dieser sieht für das Gebiet ein *reines* Wohngebiet vor. Hier geht es um ein Sport-Zentrum, das wegen § 3 II BauNVO (lesen!) *grundsätzlich* nicht zulässig ist, da es dort nicht als „zulässig" aufgeführt wird.

Dann prüft man eine *mögliche Ausnahme* nach § 3 III Nr. 2 BauNVO: Das Vorhaben des B müsste dann eine den Bedürfnissen der Bewohner des Gebiets dienende Anlage für gesundheitliche und sportliche Zwecke sein. Das Sport-Zentrum erfüllt diese Voraussetzung. Das Vorhaben des B ist deshalb bauplanungsrechtlich als Ausnahme zulässig.

c) Ausnahmen nach § 31 I BauGB

Im Beispiel oben (Sport-Zentrum für asiatische Kampfkünste) wurde auf § 3 III Nr. 2 BauNVO Bezug genommen. Dieses Beispiel ist jedoch nur ein Beispiel für viele Ausnahmeregelungen in der Baunutzungsverordnung. Das genannte Beispiel zeigt, dass bei einem Vorhaben ein Großteil der Voraussetzungen vorliegt, jedoch nicht alle erfüllt werden, die zur Erteilung der Baugenehmigung erforderlich sind. Um in dieser Konstellation einen Negativbescheid zu vermeiden, gibt es im Bereich eines Bebauungsplans die Möglichkeit der Ausnahme nach § 31 I BauGB. Dabei handelt es sich um eine von vornherein vorgesehene Möglichkeit, von der grundsätzlich zulässigen Bebauung und Nutzung eines Gebiets abzuweichen. Ausnahmen *können* gemäß § 31 I BauGB zugelassen werden, wenn sie im Bebauungsplan nach Art und Umfang ausdrücklich vorgesehen sind.

d) Befreiungen nach § 31 II BauGB

Beachtet werden muss, dass selbst bei einer Verneinung einer Ausnahme noch eine Befreiung nach § 31 II BauGB möglich ist. Die Befreiung wird auch als *Dispens* bezeichnet. Was sind die Voraussetzungen des § 31 II BauGB? Zunächst muss es sich um ein Bauvorhaben handeln, dass weder unter § 30 BauGB noch unter § 31 I BauGB fällt, also weder eine Regelbebauung darstellt noch als Ausnahme zulässig ist. Die in § 31 II in den Ziffern 1 bis 3 aufgezählten Befreiungsgründe sind Alternativmöglichkeiten („oder"), müssen also nicht kumulativ vorliegen.

Es ist für eine Befreiung also nicht erforderlich, dass die Gründe des Wohls der Allgemeinheit die Befreiung erfordern (§ 31 II Nr. 1 BauGB) *und* die Durchführung des Bebauungsplans zu einer offenbar nicht beabsichtigten Härte führen würde (§ 31 II Nr. 3 BauGB). Es genügt, wenn einer der beiden Gründe gegeben ist. Dagegen muss jeder der Alternativgründe auch unter Würdigung nachbarlicher Interessen mit den öffentlichen Belangen vereinbar sein, vgl. § 31 II a.E.

Die Befreiung nach § 31 II BauGB ist eine Ermessensentscheidung („kann") der Behörde. Es handelt sich dabei um ein repressives Verbot mit Befreiungsvorbehalt. Es ist dabei auch an eine mögliche Ermessensreduktion auf Null durch die Gleichbehandlungspflicht der Baurechtsbehörden nach Art. 3 I GG zu denken. Was erforderlich ist, um die Gründe des Wohls der Allgemeinheit, die städtebauliche Vertretbarkeit der Abweichung etc. bejahen zu können, wird im Kapitel über die Baugenehmigung ausführlich behandelt.

2. Vorhaben innerhalb der im Zusammenhang bebauten Ortsteile (§ 34 BauBG)

In der Regel hat eine Gemeinde nicht für alle Gemeindegebiete einen Bebauungsplan verabschiedet. Somit gibt es Gebiete, die außerhalb des Geltungsbereichs eines Bebauungsplans und damit auch außerhalb des Anwendungsbereichs der §§ 30, 31 BauGB liegen. Dies gilt übrigens auch für die sog. einfachen (nicht qualifizierten) Bebauungspläne. Diese Gebiete fallen in den Anwendungsbereich von § 34 BauGB oder § 35 BauGB.

a) Abgrenzung der im Zusammenhang bebauten Ortsteile vom Außenbereich

Die Abgrenzung erfolgt über die Bestimmung dessen, was einen im Zusammenhang bebauten Ortsteil darstellt. Ein solcher Ortsteil kann angenommen werden, wenn die vorhan-

42

dene Bebauung den *Eindruck der Geschlossenheit und Zusammengehörigkeit* erweckt und die Bebauung Ausdruck einer organischen Siedlungsstruktur ist. Dies gilt auch, wenn die vorhandene Bebauung Baulücken aufweist, solange der Eindruck der Geschlossenheit und Zusammengehörigkeit bestehen bleibt. Eine Quantifizierung ist pauschal kaum durchführbar. Man kann ab 10 Gebäuden einen im Zusammenhang bebauten Ortsteil bejahen. Es darf sich dabei dann allerdings nicht um eine sog. *Splittersiedlung* handeln. Je dichter besiedelt ein Gebiet also ist, desto eher kann man auf § 34 BauGB zurückgreifen. Letztlich kommt es auf die Beschreibung des Gebiets und die entsprechenden Hinweise im Klausursachverhalt an.

Ein weiteres Problem wirft die Frage auf, wo der im Zusammenhang bebaute Ortsteil im Zweifel endet. Hier gilt der Grundsatz, dass der nicht beplante Innenbereich unmittelbar hinter dem letzten zu diesem Bereich gehörenden Haus endet. Dabei spielt es keine Rolle, ob zu diesem Haus noch ein großflächiges Grundstück gehört oder nicht. Möchten die Gemeinden eine Klarstellung darüber erreichen, wo die Grenze zwischen dem nicht beplanten Innenbereich und dem Außenbereich verläuft, können sie dies gemäß § 34 IV Nr. 1 BauGB durch die sog. *Abgrenzungssatzung* regeln.

b) Der Begriff des „Sich-Einfügens"

Bei der Frage, ob sich ein Vorhaben „**einfügt**", muss geprüft werden, ob durch die Errichtung der baulichen Anlage der Rahmen eingehalten oder überschritten wird, der durch die Eigenart der näheren Umgebung, also die vorhandene Bebauung, vorgegeben ist. Zudem dürfen durch das Bauvorhaben keine bodenrechtlichen bzw. städtebaulichen Spannungen ausgelöst oder erhöht werden. Solche Spannungen sind nach der Rechtsprechung des Bundesverwaltungsgerichts anzunehmen, wenn die Umsetzung des Vorhabens in der bestehenden bodenrechtlichen Harmonie stören bzw. „Unruhe stiften" würde (BVerwGE 55, 387).

Außerdem fügt sich ein Bauvorhaben nur ein, wenn das *Rücksichtnahmegebot* nicht verletzt wird.

c) Unterscheidung zwischen Art und Maß der baulichen Nutzung

Bei § 34 BauGB gibt es den klausurtypischen Fall, dass die Eigenart der näheren Umgebung einem der Baugebiete entspricht, wie sie in der BauNVO bezeichnet sind. Nach § 34 II BauGB beurteilt sich die Zulässigkeit des Vorhabens nach seiner Art dann allein danach, ob es nach der BauNVO zulässig wäre. § 31 BauGB ist für Ausnahmen und Befreiungen entsprechend anwendbar. In der Klausur ist der § 34 II BauGB immer *vor* § 34 I BauGB zu prüfen. Bezüglich des Maßes der baulichen Nutzung bleibt es nämlich dabei, dass sich die Anlage nach § 34 I BauGB einfügen muss.

Wie bereits dargelegt, geht es bei der Art der baulichen Nutzung um den Gebietscharakter, also beispielsweise um die Frage, ob in einem Gebiet Wohngebäude vorherrschend sind oder sich Wohngebäude mit Einzelhandelsbetrieben und Läden mischen etc. Das Maß der baulichen Nutzung wird hingegen durch die Geschoßflächenzahl, die Baumassenzahl oder die Höhe baulicher Anlagen bestimmt, vgl. § 16 BauNVO.

Beispiel 17: Bauherr B möchte eine Baugenehmigung erhalten, um innerhalb eines im Zusammenhang bebauten Ortsteils einen Einzelhandelsbetrieb zu errichten, der vom Maß der baulichen Nutzung her der Umgebung entspricht. Der im Zusammenhang bebaute Ortsteil bzw. die Eigenart der näheren Umgebung des geplanten Vorhabens entspricht dem Charakter eines Dorfgebiets nach § 5 BauNVO. Folglich ist § 34 II BauGB einschlägig. Die Zulässigkeit des Vorhabens des B richtet sich bezüglich seiner Art deshalb allein danach, ob es nach der BauNVO zulässig wäre. Nach § 5 II Nr. 5 BauNVO sind Einzelhandelsbetriebe in einem Dorfgebiet zulässig. Somit ist das Vorhaben des B seiner Art nach zulässig. Bezüglich des Maßes der baulichen Nutzung bleibt es hingegen nach § 34 I BauGB dabei, dass es sich in die Eigenart der näheren Umgebung einfügen muss. Dies ist hier der Fall. Somit hat B einen Anspruch auf Erteilung einer Baugenehmigung für den geplanten Einzelhandelsbetrieb.

3. Außenbereich nach § 35 BauGB

Während die Gebiete nach § 30 und § 34 BauGB in positiver Weise definiert werden, erfolgt die Definition des Außenbereichs in negativer Weise. Der Außenbereich nach § 35 BauGB wird lapidar dadurch definiert, dass es sich um ein Gebiet handelt, dass weder § 30 noch § 34 BauGB unterliegt. Es handelt sich bei der Definition des Außenbereichs somit um eine negative Definition: Besteht für das Gebiet kein Bebauungsplan (§ 30 BauGB) und handelt es sich auch nicht um einen im Zusammenhang bebauten Ortsteil (§ 34 BauGB), ist § 35 BauGB einschlägig.

Im Außenbereich ist des Weiteren zwischen den privilegierten Vorhaben nach § 35 I BauGB und den sonstigen Vorhaben nach § 35 II BauGB zu unterscheiden. Der Wortlaut macht den Unterschied bereits deutlich. Während die in § 35 I BauGB aufgezählten Vorhaben im Außenbereich nur unzulässig sind, wenn öffentliche Belange nicht *entgegenstehen*, genügt es nach § 35 II BauGB für die Unzulässigkeit eines sonstigen Vorhabens bereits, wenn dieses öffentliche Belange *beeinträchtigt*.

Entgegenstehen kann dabei mit Widersprechen übersetzt werden, was eine hohe Hürde für die Unzulässigkeit eines privilegierten Vorhabens darstellt. Eine *Beeinträchtigung* liegt hingegen schon dann vor, wenn irgendein negativer Bezugspunkt zwischen Vorhaben und öffentlichen Belangen besteht. Die in Frage kommenden öffentlichen Belange sind sowohl für privilegierte als auch nicht privilegierte Vorhaben in § 35 III BauGB beispielhaft und damit nicht abschließend aufgezählt. Zu beachten ist noch, dass es nach § 35 IV BauGB auch sog. *teilprivilegierte Vorhaben* gibt, die nur bestimmte öffentliche Belange betreffen.

II. Prüfschema zur bauplanungsrechtlichen Zulässigkeit von Bauvorhaben im Außenbereich

---

Schema: Zulässigkeit nach § 35 I BauGB

1. Es muss einer der Privilegierungstatbestände nach § 35 I Nr. 1 – 8 BauGB erfüllt sein.
2. Öffentliche Belange („insbesondere" die in § 35 III BauGB aufgelisteten) dürfen dem Vorhaben nicht entgegenstehen. Dabei müssen die betroffenen privaten und öffentlichen Belange gegeneinander abgewogen werden.
3. Die ausreichende Erschließung muss gesichert sein.

Bezüglich des Begriffs der „Landwirtschaft" kann man sich an die Definition in § 201 BauGB halten, die indes („insbesondere") nicht abschließend ist. „Dienen" tun privilegierte Vorhaben, wenn sie z.B. dem landwirtschaftlichen Betrieb (§ 35 I Nr. 1 BauGB) oder einer Landarbeiterstelle (§ 35 I Nr. 3 BauGB) funktional zugeordnet ist. Man kann sich dabei mit der Frage helfen, ob beispielsweise ein vernünftiger Landwirt ein solches Vorhaben umsetzen würde. Wann ist die „Erschließung" ausreichend gesichert? Hier genügen, es handelt sich ja um Vorhaben im Außenbereich, Mindestanforderungen. Also müssen Strom und Wasser vorhanden sein. Zudem muss zumindest der öffentliche Verkehr das Vorhaben erreichen können (z.B. Müllabfuhr, Feuerwehr).

Schema: Zulässigkeit nach § 35 II BauGB

1. Es handelt sich nicht um ein privilegiertes Vorhaben nach § 35 I BauGB, sondern um ein *sonstiges* Vorhaben.
2. Die öffentlichen Belange („insbesondere" die in § 35 III BauGB aufgelisteten) dürfen durch das Vorhaben nicht beeinträchtigt werden. Dabei sind die betroffenen privaten und öffentlichen Belange gegeneinander abzuwägen.
3. Die ausreichende Erschließung muss gesichert sein.

E. Genehmigungspflichtigkeit und bauordnungsrechtliche Zulässigkeit von Bauvorhaben

I. Genehmigungspflichtigkeit von Bauvorhaben

Grundsätzlich besteht im Baurecht Baufreiheit. Diese stützt sich auf die Eigentumsfreiheit nach Art. 14 I GG sowie die allgemeine Handlungsfreiheit nach Art. 2 I GG. Daraus ergibt sich die einfachgesetzliche Regelung des § 58 I BauO **BaWü**, Art. 68 BauO **Bay**, § 71 I BauO **Berl**, § 72 BauO **Brbg**, § 72 BauO **Brem**; § 72 I BauO **HH**, § 74 BauO **Hess**, § 72 BauO **MV**, § 70 I BauO **Nds**, § 74 BauO **NW**, § 70 BauO **RhPf**, § 73 BauO **Saarl**, § 72 I BauO **Sachs**, § 71 BauO **SA**, § 73 I BauO **SH**, § 71 I BauO **Thür.**

Die Bauordnung sieht ein subjektiv-öffentliches Recht auf Erteilung der Baugenehmigung vor, wenn die dort genannten Voraussetzungen vorliegen. Es handelt sich um eine sog. *gebundene* Entscheidung der Verwaltung. Damit wird zugleich deutlich, dass Baufreiheit nicht als willkürliche Freiheit eines jeden verstanden werden darf, bauen zu können, wie es einem beliebt, sondern baulichen Vorhaben ein geordnetes Verfahren nach rechtsstaatlichen Prinzipien durchlaufen.

Verfassungsrechtlich handelt es sich bei der in o.g. LBO-Vorschrift genannten Einschränkung „wenn dem Bauvorhaben öffentlich-rechtliche Vorschriften nicht entgegenstehen" um eine Inhalts- und Schrankenbestimmung des Eigentums. Damit kann zusammenfassend festgehalten werden, dass der jeweilige Eigentümer seine Baufreiheit im Rahmen der Inhalts- und Schrankenbestimmung nach Art. 14 I 2 GG ausüben darf. Es handelt sich bei der Baugenehmigung deshalb um ein sog. *präventives Verbot mit Erlaubnisvorbehalt.* Mit der Baugenehmigung hebt die Behörde dieses präventive Verbot auf und erklärt, dass dem Bauvorhaben zum Zeitpunkt der Erteilung der Baugenehmigung keine öffentlich-rechtlichen Vorschriften entgegenstehen.

Ein bauliches Vorhaben kann dem genehmigungspflichtigen Verfahren, dem vereinfachten Genehmigungsverfahren oder dem Kenntnisgabeverfahren unterliegen. Unter Umständen ist das Vorhaben sogar verfahrensfrei. Wie die Zuordnung erfolgt, ergibt sich aus den Regelungen der jeweiligen LBO.

1. Genehmigungspflichtige Vorhaben

Einer Baugenehmigung bedürfen grundsätzlich die Errichtung, Änderung, Nutzungsänderung und der Abbruch **baulicher Anlagen**, vgl. § 49 BauO **BaWü**, Art 55 BauO **Bay**, § 59 BauO **Berl**, § 59 BauO **Brbg**, § 59 BauO **Brem**, § 59 BauO **HH**, § 62 BauO **Hess**, § 59 BauO **MV**, § 59 BauO **Nds**, § 60 BauO **NW**; § 61 BauO **RhPf**, § 60 BauO **Saarl**, § 59 BauO **Sachs**, § 58 BauO **LSA**, § 62 BauO **SH**, § 59 BauO **Thür**. Damit stellt sich zunächst die Frage, was **bauliche Anlagen** sind. Hierzu gibt es in den meisten Landesbauordnungen eine Legaldefinition in **§ 2**. Danach sind bauliche Anlagen z.B. mit dem Erdboden verbundene, aus Baustoffen und Bauteilen hergestellte Anlagen. § 2 I 2 LBO regelt zugleich, dass eine feste Verbindung mit dem Erdboden nicht erforderlich ist. Es genügt eine Verbindung durch die eigene Schwere der Anlage.

Ist der Begriff der baulichen Anlage im Bauordnungs- und Bauplanungsrecht identisch? Nein, der Begriff der baulichen Anlage ist unterschiedlich. Zum einen dient das *Bauordnungsrecht* der Gefahrenabwehr und der Verwirklichung sozialer Belange beim Bau und der Nutzung von Anlagen. Demgegenüber regelt das *Bauplanungsrecht*, ob und wie eine Fläche baulich genutzt werden darf. Zum anderen ist der bauplanungsrechtliche Begriff der baulichen Anlage im BauGB als *Bundesgesetz* bundeseinheitlich geregelt, während sich in den verschiedenen *Landesbauordnungen* im Detail unterschiedliche Regelungen zum bauordnungsrechtlichen Begriff der baulichen Anlage finden.

Dies besagt zugleich, dass sich die bauordnungsrechtliche Legaldefinition der baulichen Anlage in der jeweiligen LBO findet. Dagegen gibt es im BauGB keine Legaldefinition des bauplanungsrechtlichen Begriffs der baulichen Anlage. Vielmehr wurde dieser durch die Rechtsprechung des Bundesverwaltungsgerichts entwickelt. Danach ist eine bauliche Anlage jede Anlage mit bau- und bodenrechtlicher Relevanz. Die bau- und bodenrechtliche Relevanz besteht, wenn das geplante Bauvorhaben ein Bedürfnis nach Planung hervorruft (BVerwGE 44, 59; 91, 234).

2. Vereinfachtes Genehmigungsverfahren

Auch beim vereinfachten Genehmigungsverfahren steht am Ende die Erteilung oder Nicht-Erteilung einer Baugenehmigung durch die zuständige Behörde. Sinn und Zweck dieses vereinfachten Verfahrens ist es, kleinere bauliche Vorhaben nur bezüglich der elementaren bauplanungs- und bauordnungsrechtlichen Erfordernisse prüfen zu müssen (etwa Abstandsflächen). Welche Vorhaben vom vereinfachten Genehmigungsverfahren umfasst werden, ist in der jeweiligen LBO abschließend geregelt.

Wie ist es, wenn im vereinfachten Genehmigungsverfahren das Bauvorhaben öffentlich-rechtlichen Vorschriften entgegensteht, die von der Baurechtsbehörde aber wegen des vereinfachten Verfahrens überhaupt nicht geprüft werden mussten? Ist das Vorhaben dann trotzdem insgesamt legal errichtet worden? Nein, das Vorhaben ist nur insoweit legal, als es die öffentlich-rechtlichen Vorschriften berührt, die von der Baurechtsbehörde im Rahmen des vereinfachten Genehmigungsverfahrens auch geprüft wurden. Verstößt das Vorhaben gegen Vorschriften, die außerhalb dieses behördlichen Prüfungsrahmens liegen, kann die Baurechtsbehörde mit den ihr zur Verfügung stehenden Mitteln (Abrissverfügung, Nutzungsuntersagung etc.) immer noch dagegen vorgehen.

3. Genehmigungsfreistellungsverfahren/ Kenntnisgabeverfahren/Bauanzeigeverfahren

Die Vielfalt dieser Kapitelüberschrift trägt der Länderhoheit im formellen Bauordnungsrecht Rechnung. So wird das Verfahren in den verschiedenen Landesbauordnungen unterschiedlich bezeichnet. Inhaltlich geht es aber grundsätzlich darum, dass Bauvorhaben, die den Festsetzungen eines bestimmten Bebauungsplans nicht widersprechen, ohne formale Baugenehmigung errichtet werden dürfen. Wie geht man also vor? Man prüft die jeweilige Vorschrift der LBO daraufhin, ob ein Bauvorhaben unter das Kenntnisgabeverfahren fällt.

So kann das Kenntnisgabeverfahren beispielsweise nach § 51 I LBO BaWü durchgeführt werden bei der Errichtung von Wohngebäuden, sonstigen Gebäuden der Gebäudeklassen 1 bis 3, ausgenommen Gaststätten usw., soweit die Vorhaben nicht ohnehin schon nach § 50 LBO BaWü verfahrensfrei sind und die Voraussetzungen des § 51 II 1 LBO BaWü vorliegen. Zudem dürfen die Bauvorhaben den Festsetzungen des Bebauungsplans nicht widersprechen (§ 51 II 2 LBO).

Nach § 51 II LBO BaWü müssen die in § 51 I genannten Vorhaben zwei Voraussetzungen erfüllen:
- Sie müssen innerhalb des Geltungsbereichs eines Bebauungsplans nach § 30 I BauGB liegen.
- Sie müssen außerhalb des Geltungsbereichs einer Veränderungssperre nach § 14 BauGB liegen.

Beispiel 18: Der Schriftsteller S wohnt am Ku´damm der Bundeshauptstadt Berlin und findet dort zwar die Ideen, nicht aber die nötige Ruhe zum Schreiben seiner Bücher. Um dem Trubel bei Bedarf entgehen zu können, macht er sich auf die Suche und entdeckt in der kleinen Gemeinde G in Baden-Württemberg ein abgelegenes Wohngebiet. Die G hat dieses durch Bebauungsplan als reines Wohngebiet festgesetzt. Dort möchte er möglichst schnell einen kleinen Bungalow errichten lassen, der exakt den Festsetzungen im Bebauungsplan entspricht. Benötigt er hierfür eine Baugenehmigung oder kann er das Verfahren im Genehmigungsfrei-

stellungsverfahren / Kenntnisgabeverfahren / Bauanzeigeverfahren durchführen?

Lösung

Das Bauvorhaben des S könnte im Genehmigungsfreistellungsverfahren/
Kenntnisgabeverfahren/Bauanzeigeverfahren durchgeführt werden, wenn
es nicht genehmigungspflichtig ist. Grundsätzlich sind bauliche Vorhaben
nach § 49 I LBO BaWü genehmigungspflichtig, soweit nichts anderes bestimmt ist. Hier könnte sich aus § 51 LBO BaWü etwas anderes ergeben.
Danach können Vorhaben im Kenntnisgabeverfahren durchgeführt werden, wenn es sich um Wohngebäude handelt (§ 51 I Nr. 1 LBO BaWü),
diese innerhalb des Geltungsbereichs eines Bebauungsplans nach § 30 I
BauGB liegen (§ 51 II Nr. 1 LBO BaWü) und das Bauvorhaben den Festsetzungen des Bebauungsplans nicht widerspricht. Diese Voraussetzungen sind hier erfüllt. Es greift somit das Genehmigungsfreistellungs-
verfahren/Kenntnisgabeverfahren/Bauanzeigeverfahren.

Dieses Beispiel soll auch deutlich machen, dass das Ge-
nehmigungsfreistellungsverfahren/Kenntnisgabeverfahren/
Bauanzeigeverfahren dort stattfindet, wo es bereits detai-
lierte Regelungen gibt. So ist nach § 51 LBO BaWü Voraussetzung, dass das Vorhaben innerhalb des Geltungsbereichs eines Bebauungsplans nach § 30 I BauGB und damit
innerhalb des Geltungsbereichs eines qualifizierten Bebauungsplans liegt. Dort hat die Gemeinde grundsätzlich um-
fassende Festsetzungen getroffen, z.B. die überbaubaren
Flächen durch Baugrenzen oder Baulinien im Bebauungsplan bestimmt. Es sind jedenfalls die nach § 30 I BauGB
erforderlichen Mindestfestsetzungen erforderlich. Ansonsten
würde es sich um einen einfachen Bebauungsplan nach
§ 30 III BauGB handeln, für den das Genehmigungsfreistell-
ungsverfahren/Kenntnisgabeverfahren/Bauanzeigeverfahr-
en nicht gilt.

Was hat es nun mit der im Rahmen des § 51 II LBO BaWü
genannten *Veränderungssperre* nach § 14 BauGB auf sich?
Die Veränderungssperre ist eine Möglichkeit der Gemeinde,
während des Verfahrens zur Aufstellung eines Bebauungsplans solche Bauvorhaben zu verhindern, die dem späteren
Bebauungsplan entgegenstehen würden. Hintergrund ist,

dass ein Planungsverfahren nicht in wenigen Tagen oder Wochen abgewickelt werden kann, sondern wegen der Beteiligung der Bürger und der Träger öffentlicher Belange sowie der einzuhaltenden Bekanntmachungs- und Auslegungsfristen schlicht und einfach etwas mehr Zeit in Anspruch nimmt.

Damit während dieser Planungsphase die Bauleitpläne der Gemeinde nicht dadurch faktisch verteilt werden, dass aufgrund der noch bestehenden Pläne (§ 30 I BauGB), der im Zusammenhang bebauten Flächen (§ 34 BauGB) oder der im Außenbereich möglichen Vorhaben (§ 35 BauGB) Baugenehmigungen von der Baurechtsbehörde erteilt werden müssen (es handelt sich um gebundene Entscheidungen der Verwaltung), gibt es die Möglichkeit einer Veränderungssperre nach § 14 I 1 BauGB.

Beispiel 19: Eine von der Gemeinde G schon vor langer Zeit als Gewerbegebiet ausgewiesene Fläche liegt seit Jahren unbebaut brach, da ein Großinvestor wieder abgesprungen ist und auch sonst niemand Interesse für das Gebiet gezeigt hat. Die Gemeinde möchte für diese Fläche deshalb ein allgemeines Wohngebiet festsetzen. Während des Planungsverfahrens zeigt der ehemalige Großinvestor nun doch wieder Interesse und möchte auf dem Gebiet ein riesiges Fachmarktzentrum errichten. Die Einzelhändler der Gemeinde laufen Sturm. Außerdem ist das Wohngebiet wegen Zuzugs vieler Bürger dringend erforderlich. Deshalb beschließt die Gemeinde eine Veränderungssperre nach § 14 I BauGB, um ihre Planung zu sichern.

Nach § 14 I 1 BauGB ist allerdings zumindest der Aufstellungsbeschluss der Gemeinde nach § 2 I 2 BauGB erforderlich, damit die Veränderungssperre greifen kann. Durch die Veränderungssperre soll nämlich die Planung gesichert werden. Deshalb muss es eine solche Planung auch schon geben. Diese muss von der Gemeinde auch ernsthaft gewollt sein und ein Mindestmaß an konkreten planerischen Vorstellungen erkennen lassen. Alles andere würde der nach Art. 14 GG verfassungsrechtlich garantierten Baufreiheit nicht Stand halten. Eine Veränderungssperre ist also nicht möglich, um ein Vorhaben nur zu verhindern, ohne dass dahinter konkrete Planungsabsichten der Gemeinde stecken.

Zum *Beispiel 19* sei noch angemerkt, dass dem Aufstellungsbeschluss nach § 1 VIII BauGB der Änderungs-, Ergänzungs- oder Aufhebungsbeschluss eines Bebauungsplans gleich steht. Somit war die Veränderungssperre in unserem Beispiel möglich, obwohl es nicht um den Beschluss ging, überhaupt einen Bebauungsplan aufzustellen (den es ja schon gab), sondern einen vorhandenen Bebauungsplan für ein bestimmtes Gebiet zu ändern. Die Veränderungssperre wird übrigens wie der Bebauungsplan als Satzung beschlossen (§ 16 I BauGB).

Müssen bzw. dürfen bauliche Vorhaben, die im Genehmigungsfreistellungsverfahren/Kenntnisgabeverfahren/Bauanzeigeverfahren durchgeführt werden, dennoch von der Baurechtsbehörde auf ihre Übereinstimmung mit dem materiellen Baurecht geprüft werden? Ja, denn dass ein Vorhaben nicht dem förmlichen Genehmigungsverfahren unterliegt bedeutet nicht, dass die inhaltlichen Regelungen des Baurechts missachtet werden dürfen. Diese sind stets einzuhalten. Die Baurechtsbehörde kann deshalb auch nach Errichtung einer baulichen Anlage Änderungen herbeiführen oder eine errichtete Anlage wieder beseitigen lassen. Aus diesem Grunde ist das Genehmigungsfreistellungsverfahren/ Kenntnisgabeverfahren/Bauanzeigeverfahren auch starker Kritik ausgesetzt, da eine bloße Verlagerung der präventiven Kontrolle auf eine nachträgliche bzw. repressive Kontrolle stattfinde.

4. Verfahrensfreie Vorhaben

Schließlich gibt es auch solche Bauvorhaben, die verfahrensfrei sind. So sind z.B. nach § 50 I LBO BaWü die Errichtung von im Anhang aufgeführten Anlagen und Einrichtungen verfahrensfrei. Dies betrifft etwa Wochenendhäuser in Wochenendhausgebieten; Wände, Decken, Stützen und Treppen in Wohngebäuden, ausgenommen die Außenwän-

de; Öffnungen in Außenwänden und Dächern von Wohngebäuden und Wohnungen; Einfriedungen im Innenbereich;
Stützmauern bis 2 m Höhe und auch vorübergehend aufgestellte oder genutzte Anlage wie Baugerüste oder andere
Baustelleneinrichtungen.

Müssen bauliche Vorhaben, die genehmigungsfrei sind,
dann von der Baurechtsbehörde nicht geprüft werden? Dürfen sie von ihr geprüft werden? Sie müssen und dürfen geprüft werden. Der Gesetzgeber hat durch die Schaffung des
§ 50 LBO BaWü lediglich auf die Einhaltung eines förmlichen Verfahrens bzw. eine präventive Kontrolle der Bauvorhaben verzichtet. Inhaltlich bzw. materiell muss jedes
Vorhaben dennoch mit den baurechtlichen Normen überein-
stimmen. Ist dies nicht der Fall, kann die Baurechtsbehörde
nachträglich bzw. repressiv gegen die Bebauung oder Nutzung vorgehen.

In welcher Form kann diese in einer Klausur geprüft werden? Klausureinstieg können z.B. eine Baueinstellungsverfügung oder eine Abbruchsanordnung nach § 65 S.1 LBO
BaWü; Art. 76 LBO **Bay**; § 80 S. 1 LBO **Berl**; § 80 I LBO **Brbg**; § 79 LBO
Brem; § 76 LBO **HH**; §§ 81, 82 I 1 LBO **Hess**; § 80 I LBO **MV**; § 79 I 2 Nr.
4 LBO **Nds**; §§ 81, 82 LBO **NW**; § 81 S. 1 LBO **RhPf**; § 82 I LBO **Saarl**;
§ 80 S.1 LBO **Sachs**; § 79 LBO **LSA**; § 59 II Nr. 3 LBO **SH**; § 79 I 1, II
LBO **Thür** oder eine Nutzungsuntersagung sein, die sich auf
eine verfahrensfrei errichtete bauliche Anlage bezieht.

5. Zusammenfassung

Eine Baugenehmigung ist erforderlich, wenn:
- es sich bei dem Vorhaben um eine bauliche Anlage
  handelt. Dieser Begriff muss zunächst anhand der
  Legaldefinition des § 2 I LBO dargelegt werden, bevor der
  Sachverhalt subsumiert wird.
- eine Errichtung, Änderung, Nutzungsänderung oder ein
  Abbruch dieser baulichen Anlage geplant sind
- und das Vorhaben nicht dem Genehmigungsfreistellungs-
  verfahren/Kenntnisgabeverfahren/Bauanzeigeverfahren
  unterliegt oder verfahrensfrei ist.

Schema: Genehmigungspflicht nach der LBO

I. Grundsätzlich sind die Errichtung und der Abbruch baulicher Anlagen genehmigungspflichtig

II. Die Genehmigungspflichtigkeit gilt, soweit nichts anderes bestimmt ist. In Frage kommen diesbezüglich:

  1. Verfahrensfreie Vorhaben

  2. Vorhaben, die dem Genehmigungsfreistellungs- verfahren, Kenntnisgabeverfahren oder Bauan- zeigeverfahren unterliegen.

II. Baugenehmigung, Bauvorbescheid, etc.

1. Baugenehmigung

Wie bereits erläutert, spricht man im Baurecht bezüglich der Baufreiheit vom sog. *präventiven* Verbot mit Erlaubnisvor- behalt. Durch Erteilung der Baugenehmigung, einem gebun- denen Verwaltungsakt, wird dieses präventive Verbot auf- gehoben und die Erlaubnis zum Bauen etc. erteilt. Durch diese präventive Kontrolle wird die Vereinbarkeit eines Vor- habens mit den öffentlich-rechtlichen Vorschriften *vor* dess- en Realisierung geprüft. Wenn vom präventiven Verbot die Rede ist, darf dies aber nicht darüber hinwegtäuschen, dass die Baurechtsbehörden auch *repressiv* vorgehen können, wenn ein Gebäude illegal errichtet wurde, z.B. durch eine Abrissverfügung

Am Anfang des Baugenehmigungsverfahrens steht der Bau- antrag, über den die Baurechtsbehörde bzw. Baugenehmi- gungsbehörde entscheidet. Die beantragte Baugenehmi- gung „ist zu erteilen", wenn das Vorhaben mit den öffentlich- rechtlichen Vorschriften im Einklang steht.

Beispiel 20: Bauherr B könnte einen Anspruch auf Erteilung der Bauge-nehmigung für das geplante Mehrfamilienhaus aus § 58 I BauO **BaWü**, Art. 68 BauO **Bay**, § 71 I BauO **Berl**, § 72 BauO **Brbg**, § 72 BauO **Brem**; § 72 I BauO **HH**, § 74 I BauO **Hess**, § 72 BauO **MV**, § 70 I BauO **Nds**, § 74 BauO **NW**, § 70 BauO **RhPf**, § 73 BauO **Saarl**, § 72 I BauO **Sachs**, § 71 BauO **SA**, § 73 I BauO **SH**, § 71 I BauO **Thür** haben. Danach besteht der Anspruch auf Erteilung einer Baugenehmigung, wenn das Vorhaben genehmigungspflichtig ist und ihm öffentlich-rechtliche Vor-schriften nicht entgegenstehen. Folglich müsste das geplante Mehr-familienhaus *genehmigungspflichtig und genehmigungsfähig* sein.

Prüft die Baurechtsbehörde bei der Frage der Genehmi-gungsfähigkeit nun sämtliche öffentlich-rechtlichen Vorschrif-ten? Nein, sie prüft in vielen Bundesländern nur die Vor-schriften, die in ihre *Zuständigkeit* fallen. Dabei gilt grund-sätzlich, dass die Baurechtsbehörde nicht über spezial-gesetzliche Regelungen entscheidet, die ein eigenes Genehmigungsverfahren beinhalten. Dies ist beispielsweise beim GastG der Fall. Wird dem Antragsteller die Bauge-nehmigung zur Errichtung eines Gebäudes und dessen Nutzung als Gaststätte erteilt, bedeutet dies nicht, dass er auch als Gastwirt dort tätig werden darf. Hierfür bedarf es der Gaststättenkonzession, die bei entsprechender Zuver-lässigkeit etc. nach dem GastG erteilt wird.

Anders ist es etwa bei der Prüfung, ob die §§ 22 ff. Bim-SchG eingehalten werden. Diese sehen kein eigenes Ge-nehmigungsverfahren vor. Es handelt sich bei den Anlagen der §§ 22 ff. BImSchG um nicht genehmigungsbedürftige Anlagen. Das fehlende Erfordernis einer Genehmigungs-pflicht bezieht sich dabei auf die immissionsschutzrechtliche Genehmigung nach § 4 BImSchG. Unabhängig davon müssen auch diese Anlagen im Einklang mit öffentlich-rechtlichen (baurechtlichen und immissionsschutzrecht-lichen) Vorschriften stehen. Hierüber entscheidet aber die Baurechtsbehörde bzw. muss sie entscheiden, denn die §§ 22 ff. BImSchG sehen kein eigenes Genehmigungs-verfahren der Immissionsschutzbehörden vor.

In der Klausur kann dies bereits im einleitenden Obersatz zur Genehmigungsfähigkeit einer baulichen Anlage klargestellt werden, wobei dieser nicht die inhaltliche Auseinandersetzung in der Klausur mit der Frage ersetzt, ob und welche öffentlich-rechtlichen Vorschriften die Baurechtsbehörde zu prüfen hat.

Beispiel 21 (für den einleitenden Obersatz): Das Vorhaben ist genehmigungsfähig, wenn dem Vorhaben keine von der Baurechtsbehörde zu prüfenden öffentlich-rechtlichen Vorschriften entgegenstehen.

Nur als Ergänzung sei erwähnt, dass demgegenüber § 13 BImSchG eine sog. *Konzentrationswirkung* vorsieht, wonach die Immissionsschutzbehörde auch über die *baurechtliche Zulässigkeit* der genehmigungspflichtigen Anlage entscheidet. Eine Ausnahme für die Regelung, dass die Baurechtsbehörde nur über die öffentlich-rechtlichen Vorschriften entscheidet, die kein eigenes Genehmigungsverfahren vorsehen, enthält die LBO Brandenburg, die eine Konzentrationswirkung der Baugenehmigung vorsieht. Dies ist nach der Rechtsprechung des Bundesverwaltungsgerichts möglich (BVerwGE 99, 351). Danach obliegt es dem Landesgesetzgeber, festzulegen, ob und in welcher Weise der Baugenehmigung eine Konzentrationswirkung zukommt.

Aufhänger der Baugenehmigung ist, dass diese zur Realisierung eines Bauwerks erforderlich ist. Erforderlich ist die Baugenehmigung nach § 49 BauO **BaWü**, Art 55 BauO **Bay**, § 59 BauO **Berl**, § 59 BauO **Brbg**, § 59 BauO **Brem**, § 59 BauO **HH**, § 62 BauO **Hess**, § 59 BauO **MV**, § 59 BauO **Nds**, § 60 BauO **NW**; § 61 BauO **RhPf**, § 60 BauO **Saarl**, § 59 BauO **Sachs**, § 58 BauO **LSA**, § 62 BauO **SH**, § 59 BauO **Thür** immer dann, wenn das bauliche Vorhaben nicht verfahrensfrei ist oder unter das Genehmigungsfreistellungsverfahren/Kenntnisgabeverfahren/Bauanzeigeverfahren fällt.

Für die Rücknahme einer Baugenehmigung gilt § 48 VwVfG, solange es keine landesrechtliche Spezialregelung in der jeweiligen LBO gibt.

Wer ist nun die Baugenehmigungsbehörde bzw. Baurechtsbehörde und wie sieht der Aufbau der Baurechtsverwaltung überhaupt aus? Baurechtsbehörden sind häufig ein Ministerium als *oberste* Baurechtsbehörde, ein Regierungspräsidium bzw. eine Bezirksregierung als *höhere* Baurechtsbehörde und eine Gemeinde, kreisfreie Stadt oder Verwaltungsgemeinschaft als *untere* Baurechtsbehörde. Da hier nicht die Regelungen aller 16 Länder im Detail dargestellt werden können, empfiehlt sich ein Blick in die Vorschrift der LBauO, die die „Bauaufsicht" festlegt: § 46 BauO **BaWü**, Art. 53 BauO **Bay**, § 57 BauO **Brbg**, §§ 57, 58 BauO **Brem**, § 58 BauO **HH**, § 60 BauO **Hess**, § 46 f. BauO **MV**, § 57 BauO **Nds**, § 57 BauO **NW**; § 58 BauO **RhPf**, § 57 f. BauO **Saarl**, § 58 BauO **Sachs**, § 57 BauO **SA**, § 56 BauO **SH**, § 58 BauO **Thür.**

Schema: Prüfung des Anspruchs auf Erteilung einer Baugenehmigung (vgl. auch Schema auf S. 93)

A. Anspruchsgrundlage: § 58 I BauO **BaWü**, Art. 68 BauO **Bay**, § 71 I BauO **Berl**, § 72 BauO **Brbg**, § 72 BauO **Brem**; § 72 I BauO **HH**, § 74 I BauO **Hess**, § 72 BauO **MV**, § 70 I BauO **Nds**, § 74 I BauO **NW**, § 70 BauO **RhPf**, § 73 BauO **Saarl**, § 72 I BauO **Sachs**, § 71 BauO **SA**, § 73 I BauO **SH**, § 71 I BauO **Thür**

I. Formelle Voraussetzungen
    (1) Zuständigkeit der Baurechtsbehörde
    (2) Benachrichtigung der Angrenzer
    (3) Sonstige Voraussetzungen

II. Materielle Voraussetzungen
    Auf Erteilung der Baugenehmigung besteht ein Anspruch, wenn das Vorhaben genehmigungspflichtig ist und dem Vorhaben öffentlich-rechtliche Vorschriften nicht entgegenstehen.
    (1) Genehmigungspflichtigkeit des Vorhabens
    (2) Genehmigungsfähigkeit des Vorhabens:
    Das Vorhaben ist genehmigungsfähig, wenn dem Vorhaben keine (von der Baurechtsbehörde zu prüfenden) öffentlich-rechtlichen Vorschriften entgegenstehen:

- bauplanungsrechtliche Vorschriften
- bauordnungsrechtliche Vorschriften
- sonstige öffentlich-rechtliche Vorschriften, die von der Baurechtsbehörde zu prüfen sind, also in ihren Zuständigkeitsbereich fallen. Dies sind alle Vorschriften, die kein eigenes Genehmigungsverfahren vorsehen, wie etwa die §§ 22 ff. BImSchG.

B. Ergebnis: Die Voraussetzungen sind erfüllt ➜ Die Baugenehmigung muss erteilt werden. **Oder:** Die Voraussetzungen liegen nicht vor ➜ Prüfung der Möglichkeit einer Ausnahme oder Befreiung

2. Ausnahme und Befreiung nach § 31 BauGB

Wie beim Abschnitt über die Baugenehmigung ausgeführt, hat der Bauantragsteller einen Anspruch auf Erteilung der Baugenehmigung, wenn dem Vorhaben öffentlich-rechtliche Vorschriften nicht entgegenstehen. In diesem Fall ist die Baugenehmigung zu erteilen. Es kann allerdings sein, dass bei einem Vorhaben ein Großteil der Voraussetzungen vorliegt, allerdings eben nicht alle erfüllt werden, die zur Erteilung der Baugenehmigung erforderlich sind. Um einen Negativbescheid zu vermeiden, gibt es im Bereich eines Bebauungsplans die Möglichkeit der Ausnahme nach § 31 I BauGB und der Befreiung (sog. Dispens) nach § 31 II BauGB.

Worin besteht der Unterschied zwischen Ausnahme und Befreiung? Bei der Ausnahme handelt es sich um eine von vornherein vorgesehene Möglichkeit, von der grundsätzlich zulässigen Bebauung und Nutzung eines Gebiets abzuweichen. Bei der Befreiung weicht man ebenso von der planerischen Konzeption ab, allerdings ist diese Abweichung planerisch nicht von vornherein vorgesehen und soll eine außerplanmäßige Situation für die Behörde gestaltbar machen.

Ausnahmen von den Festsetzungen des Bebauungsplans *können* gemäß § 31 I BauGB zugelassen werden, wenn sie im Bebauungsplan nach Art und Umfang ausdrücklich vorgesehen sind. Die Ausnahmegenehmigung nach § 31 I BauGB ist eine Ermessensentscheidung der Behörde, wobei daran zu denken ist, dass das Ermessen im Einzelfall auch auf Null reduziert sein kann.

Sind im Bereich eines Bebauungsplans nicht alle Ausnahmeregelungen gemäß § 1 III BauNVO auch Bestandteil des Bebauungsplans? Es kommt darauf, was die Gemeinde in ihrem Bebauungsplan festgesetzt hat. § 1 III 2 BauNVO regelt, dass durch die Festsetzung eines Baugebiets die entsprechenden Vorschriften zu diesem Baugebiet Bestandteil des Bebauungsplans werden.

Beispiel 22: Die Gemeinde verabschiedet für eine Fläche auf ihrem Gemeindegebiet einen Bebauungsplan, der das Gebiet als allgemeines Wohngebiet nach § 1 II Nr. 3 BauNVO festsetzt. Dadurch werden sämtliche Regelungen des § 4 BauNVO (Allgemeine Wohngebiete) Bestandteil des Bebauungsplans. So sieht es § 1 III 2 BauNVO vor. Damit sind nach § 4 III BauNVO ausnahmsweise auch Betriebe des Beherbergungsgewerbes (Nr. 1), sonstige nicht störende Gewerbebetriebe (Nr. 2) etc. zulässig.

§ 31 I BauGB sieht allerdings vor, dass von den Festsetzungen des Bebauungsplans nur solche Ausnahmen zugelassen werden, die in dem Bebauungsplan nach Art und Umfang *ausdrücklich* vorgesehen sind. In *Beispiel 22* hat die Gemeinde aber lediglich ausdrücklich bestimmt, dass ein allgemeines Wohngebiet festgesetzt wird. Über die Ausnahmen gab es im Bebauungsplan hingegen keine ausdrückliche Regelung – oder doch? § 31 I BauGB umfasst auch die Ausnahmen, die im jeweiligen Absatz 3 der §§ 2 ff. BauNVO vorgesehen sind. Dazu genügt es, dass die Gemeinde ein Baugebiet festsetzt. Damit hat sie – im Sinne des § 31 I BauGB – gemäß § 1 III 2 BauNVO auch „ausdrücklich" die Ausnahmen vorgesehen, die in der BauNVO normiert sind.

Beispiel 23: Beruft sich der Antragsteller im *Beispiel 22* auf die Ausnahmeregelung nach § 31 I BauGB, umfasst dies die in § 4 III BauNVO aufgezählten Anlagen. Dies ergibt sich aus § 1 III 2 BauNVO.

Möchte die Gemeinde, dass in der BauNVO vorgesehene Ausnahmen nicht Bestandteil des Bebauungsplans werden, so ist dies möglich. § 1 III 2 BauNVO sieht ausdrücklich vor, dass die Vorschriften der §§ 2 ff. BauNVO nur dann Bestandteil des Bebauungsplans werden, soweit nicht aufgrund der Absätze 4 bis 10 etwas anderes bestimmt wird. § 1 VI BauNVO ermöglicht es der Gemeinde, im Bebauungsplan zu bestimmen, dass alle oder einzelne Ausnahmen nicht Bestandteil des Bebauungsplans werden, obwohl sie in den Baugebieten der §§ 2 ff. BauNVO als Ausnahmen vorgesehen sind.

Beispiel 24: Im *Beispiel 22* möchte die Gemeinde gerade nicht, dass Betriebe des Beherbergungsgewerbes ausnahmsweise zulässig sind (§ 4 III Nr. 1 BauNVO). Sie kann dies dann im Bebauungsplan entsprechend festlegen.

Umgekehrt geht es auch: Nach § 1 VI Nr. 2 BauNVO kann im Bebauungsplan festgesetzt werden, dass eigentliche Ausnahmen nach der BauNVO in einem Baugebiet allgemein zulässig sind.

Wann eine **Befreiung** möglich ist, ergibt sich aus § 31 II BauGB. Dabei müssen stets drei Voraussetzungen erfüllt sein: Einmal dürfen die Grundzüge der Planung nicht berührt werden und muss die Abweichung auch unter Würdigung nachbarlicher Interessen mit den öffentlichen Belangen vereinbar sein. Zusätzlich muss *eine* der in den Ziffern 1 bis 3 genannten Voraussetzungen vorliegen. Die Befreiung stellt eine außerplanmäßige Abweichung vom Bebauungsplan dar. Deshalb sind die § 31 II BauGB genannten tatbestandlichen Voraussetzungen für eine Befreiung eng auszulegen. Die Befreiung ist wie die Ausnahme eine Ermessensentscheidung der Behörde.

Nach § 31 II Nr. 1 BauGB müssen *Gründe des Wohls der Allgemeinheit* die Befreiung erfordern. Gründe des Wohls der Allgemeinheit sind auch der Bedarf zur Unterbringung von Flüchtlingen oder Asylbegehrenden und der zügige *Ausbau der erneuerbaren Energien.* Die Gründe des Wohls der Allgemeinheit erfordern die Befreiung, wenn die Befreiung zur Wahrnehmung des jeweiligen öffentlichen Interesses vernünftigerweise geboten ist. Dass die Befreiung die einzige Möglichkeit ist, den Belangen des Allgemeinwohls Rechnung zu tragen, ist nicht erforderlich.

Nach § 31 II Nr. 2 BauGB muss die Abweichung *städtebaulich vertretbar* sein. Alles was im Rahmen des § 1 V und VI BauGB geplant und damit in einem Bebauungsplan festgesetzt werden kann, ist auch städtebaulich vertretbar. Führt dies nicht zu weit und eröffnet der Verwaltung Spielräume, die durch die konkrete Planung nicht abgedeckt werden? Nur die städtebauliche Vertretbarkeit betrachtet, trifft dies zu. Allerdings ist, wie bereits ausgeführt, nach § 31 II BauGB zwingend erforderlich, dass die Grundzüge der Planung nicht berührt werden. Dies schränkt die Befreiungsvielfalt des § 31 II Nr. 2 BauGB wieder ein.

Nach § 31 II Nr. 3 BauGB kann eine Befreiung schließlich auch erteilt werden, wenn die Durchführung des Bebauungsplans zu einer *offenbar nicht beabsichtigten Härte* führen würde. Diese nicht beabsichtigte Härte liegt dann vor, wenn man dem Antragsteller durch die Ablehnung einer Baugenehmigung ein unzumutbares Opfer abverlangen würde. Aber: Härten im Sinne des § 31 II Nr. 3 sind nur bau- und bodenrechtliche Härten. Andere Härten sind diesbezüglich unerheblich.

Beispiel 25: Der Bauantragsteller ist Eigentümer eines Grundstücks im Geltungsbereich eines Bebauungsplans, der eine Bauweise nur in den festgelegten Baugrenzen zulässt. Da er für seine Großfamilie ein Haus bauen möchte, in dem auch die Großeltern und 4 Kinder Platz finden, beantragt er die Baugenehmigung für eine diese Baugrenzen überschreitende Bauweise und beruft sich dabei auf die offenbar nicht beabsichtigte Härte nach § 31 II Nr. 3 BauGB. Hierbei kann sich er aber nicht auf eine soziale oder finanzielle Härte berufen, wenn er stattdessen ein anderes, teureres Grundstück kaufen müsste. Dies ist keine bau- und bodenrechtliche Härte. Ist das Grundstück aber beispielsweise durch öffentlichen Straßenbau ungünstig zugeschnitten, ist insoweit eine offenbar nicht beabsichtigte Härte denkbar, um das Grundstück sinnvoll bebauen zu können. Zu denken ist dabei dann wiederum an das in § 31 II verankerte Erfordernis, dass die Grundzüge der Planung nicht berührt werden und die Abweichung auch unter Würdigung nachbarlicher Interessen mit den öffentlichen Belangen vereinbar ist.

Zunächst deshalb zu der Voraussetzung, dass durch die Befreiung die *Grundzüge der Planung nicht berührt werden* dürfen. § 31 II BauGB dient damit dem Schutz der kommunalen Planungshoheit. Die Gemeinde bestimmt durch ihre Planungshoheit und die darauf basierenden Bebauungspläne, wie die Fläche ihres Gemeindegebietes gestaltet werden soll. Der jeweilige Bebauungsplan soll nicht durch eine ausgedehnte Befreiungspraxis umgangen werden. Dies wird dadurch vermieden, dass die Befreiung nur dann ermöglicht wird, wenn dem Vorhaben eine atypische Situation zugrunde liegt und diese nicht vorherzusehende atypische Situation korrigiert werden kann, ohne damit einen Präzedenzfall zu schaffen. Damit ist gewährleistet, dass nicht durch eine Vielzahl von Befreiungsfällen quasi ein anderer „fiktiver" Bebauungsplan geschaffen wird. Anders gesagt ist eine Befreiung nicht möglich, wenn die atypische Situation mehrere Bauvorhaben betrifft oder betreffen könnte.

Die *nachbarlichen Interessen* werden dadurch gewürdigt, dass man prüft, ob die Befreiung für den Nachbarn zumutbar ist oder nicht. Welche nachbarlichen Interessen sind in der Prüfung zu berücksichtigen? Alle, die auch in § 1 V und VI BauGB von Belang sind. Dabei findet eine Abwägung statt. Dies bedeutet zugleich, dass nicht bei jeder Beeinträchtigung nachbarlicher Interessen die Befreiung versagt werden muss. Vielmehr erfolgt die Prüfung anhand der Formel, ob dem Nachbarn die Baumaßnahme *zumutbar* ist oder nicht.

Wichtig: Es ist dabei nicht erforderlich, dass die Bestimmungen im Bebauungsplan, von denen durch die Befreiung abgewichen werden soll, nachbarschützend sind. Vielmehr erfolgt die Würdigung nachbarlicher Interessen unabhängig davon. Richtschnur für eine Verletzung nachbarlicher Interessen bildet bei dieser Abwägung das noch zu behandelnde *Gebot der Rücksichtnahme*.

Bezüglich der in Frage kommenden *öffentlichen Belange* kann man sich an der Aufzählung in § 35 III BauGB orientieren. Dabei ist zu berücksichtigen, dass § 35 III *keine abschließende* Aufzählung der öffentlichen Belange enthält (… „Beeinträchtigung öffentlicher Belange liegt *insbesondere* vor…"). Vom Bundesverwaltungsgericht stammt hierzu folgende Faustformel (BVerwGE 56, 71): Würde sich ein Vorhaben nicht nach § 34 I BauGB in die Umgebung einfügen, kann diesbezüglich auch keine Befreiung gemäß § 31 II BauGB erteilt werden. Dies kann in Klausuren helfen, ein gefundenes Ergebnis anhand des Merkmals des Sich-Einfügens nach § 34 I BauGB nochmals zu überprüfen.

Selbstverständlich muss diesbezüglich in Klausuren mit den öffentlichen Belangen argumentiert werden. Es kann nicht einfach darauf verwiesen werden, dass sich ein Vorhaben nicht einfügt. § 34 I BauGB dient in diesem Zusammenhang nur als Orientierungshilfe.

Nochmals zur Wiederholung: Die Ziffern 1 – 3 des § 31 II BauGB müssen nur alternativ, nicht kumulativ vorliegen. Es genügt also, wenn eine der drei Voraussetzungen gegeben ist, es müssen nicht alle drei vorliegen. Dagegen müssen stets die drei Voraussetzungen – zusammen mit einer der drei Ziffern – erfüllt sein, dass die *Grundzüge der Planung* nicht berührt werden und die Abweichung auch unter *Würdigung nachbarlicher Interessen* mit den *öffentlichen Belangen* vereinbar ist. Bei alledem darf nicht vergessen werden, dass für die Befreiung immer das Einvernehmen der Gemeinde vorliegen muss, wie § 36 BauGB klarstellt.

Als problematisch ist noch zu erwähnen, dass § 31 II BauGB in seiner alten Fassung wie folgt lautete: „Von den Festsetzungen des Bebauungsplans kann *im Einzelfall* befreit werden, wenn …" Das Erfordernis eines Einzelfalls wurde durch den Gesetzgeber aus dem Gesetzeswortlaut gestrichen. Dadurch könnte die Rechtsprechung des Bundesverwaltungsgerichts, dass es sich bei der Befreiung um eine *atypische Situation* handeln muss, obsolet geworden sein. Allerdings kann das Merkmal der Atypik auch in dem Erfordernis verankert werden, dass die *Grundzüge der Planung* durch die Befreiung nicht berührt werden dürfen.

3. Nebenbestimmungen

Die Baugenehmigung darf nach § 36 LVwVfG von der Baurechtsbehörde auch mit Nebenbestimmungen versehen werden. Dies ist insbesondere dann der Fall, wenn nur durch
eine Auflage, Bedingung etc. die vollumfängliche Genehm-
migungsfähigkeit des Vorhabens hergestellt werden kann.
Hierbei gilt folgende Aufteilung:

- Für Baugenehmigungen ist § 36 I LVwVfG maßge-
  bend, da es sich bei der Erteilung der Baugenehmigung um eine *gebundene Entscheidung* („auf den
  ein Anspruch besteht") handelt. Dies wurde bereits
  im Zusammenhang mit dem sog. präventiven Verbot
  mit Erlaubnisvorbehalt und dem im Baurecht herrschenden Prinzip der Baufreiheit erläutert. Somit darf
  die Baugenehmigung nach § 36 I LVwVfG nur dann
  mit einer Nebenbestimmung versehen werden, wenn
  sie durch Rechtsvorschrift zugelassen ist oder wenn
  sie sicherstellen soll, dass die gesetzlichen Voraussetzungen des Verwaltungsaktes erfüllt werden.

- Bei Ausnahmen und Befreiungen hingegen entscheidet die Behörde nach pflichtgemäßem Ermess-
  en. Auf Ausnahmen und Befreiungen hat ein Bauherr
  nämlich keinen Anspruch. Vergessen werden darf in
  diesem Zusammenhang aber nicht, dass jeder Bürger einen Anspruch auf ermessensfehlerfreie Entscheidung hat.

Zur kurzen Wiederholung des allgemeinen Verwaltungsrechts sei hier angemerkt, dass die Behörde in ihrem Ermessen immer rechtlich gebunden
ist, weshalb man auch von *pflichtgemäßem Ermessen* spricht. Dies ergibt
sich aus § 40 LVwVfG, wonach die jeweilige Behörde ihr Ermessen entsprechend dem Zweck der Ermächtigung auszuüben und die gesetzlichen
Grenzen des Ermessens einzuhalten hat. Im Fall des § 36 II BVwVfG –
„… darf ein Verwaltungsakt *nach pflichtgemäßem Ermessen* …" – ist dies
ebenfalls ausdrücklich normiert. Nur wenn sich die Behörde bei der Aus-
übung ihres Ermessens an die rechtlichen Bindungen hält, ist ihr Handeln
rechtmäßig.

§ 36 II LVwVfG beinhaltet eine Ermessensentscheidung und damit eine Regelung zu Verwaltungsakten nach Ermessen. Zudem enthält er auch Legaldefinitionen der Nebenbestimmungen. Nebenbestimmungen sind nach § 36 II die *Befristung, Bedingung, der Widerrufsvorbehalt, die Auflage und der Auflagenvorbehalt.* Dabei ist allerdings zu beachten, dass der Widerrufsvorbehalt ein Sonderfall der auflösenden Bedingung ist.

Beispiel 26: Die *Befristung* ist eine Bestimmung, nach der eine Vergünstigung oder Belastung zu einem bestimmten Zeitpunkt beginnt, endet oder für einen bestimmten Zeitraum gilt (§ 36 II Nr. 1 BVwVfG). Übertragen auf das Baurecht kann dies so aussehen, dass eine Baugenehmigung erst ab einem bestimmten Datum beginnt oder nur für eine bestimmte Zeitspanne gilt.

Beispiel 27: Die *Bedingung* ist eine Bestimmung, nach der der Eintritt oder der Wegfall einer Vergünstigung oder einer Belastung von dem ungewissen Eintritt eines zukünftigen Ereignisses abhängt (§ 36 II Nr. 2 BVwVfG). So lag der Entscheidung des Bundesverwaltungsgerichts in BVerwGE 29, 261 eine Baugenehmigung zugrunde, die mit der aufschiebenden Bedingung versehen war, dass der Bauherr noch Einstellplätze für Kraftfahrzeuge schaffte.

Beispiel 28: Der *Widerrufsvorbehalt* (§ 36 II Nr. 3 BVwVfG) ist der Sonderfall einer auflösenden Bedingung. Die Baurechtsbehörde behält sich damit vor, den Verwaltungsakt, beispielsweise die baurechtliche Nutzungserlaubnis, zu widerrufen. Dafür muss es allerdings sachliche Gründe geben.

Beispiel 29: Die *Auflage* schreibt dem Begünstigten ein Tun, Dulden oder Unterlassen vor (§ 36 II Nr. 4 BVwVfG). So kann es dem Bauherrn beispielsweise zur Auflage gemacht werden, dass er bestimmte Immissionsgrenzwerte nicht überschreitet, brandschutztechnische Auflagen erfüllt oder eine bestimmte Anzahl an Stellplätzen errichtet.

Beispiel 30: Der *Auflagenvorbehalt* besteht in dem Vorbehalt der nachträglichen Aufnahme, Änderung oder Ergänzung einer Auflage (§ 36 II Nr. 5 BVwVfG).

In der Klausur werden die verschiedenen, von der Baurechtsbehörde erlassenen Nebenbestimmungen meistens nicht immer so bezeichnet, wie sie rechtlich einzuordnen sind. Die Aufgabe des Klausurenschreibers ist es dann, die Einordnung anhand des § 36 LVwVfG und durch entsprechende Auslegung der jeweiligen Nebenbestimmung vorzunehmen.

Wie ist im Zusammenhang mit den Nebenbestimmungen nun die sog. *modifizierende Auflage* bzw. sog. *modifizierende Genehmigung* rechtlich einzuordnen? Eine sog. modifizierende Auflage bzw. modifizierende Genehmigung liegt vor, wenn die Baurechtsbehörde den eigentlichen Bauantrag (teilweise) ablehnt und dafür zugleich eine nicht beantragte Baugenehmigung erteilt. Der Begriff der modifizierenden Auflage wird von der ganz herrschenden Meinung allerdings abgelehnt und durch den Begriff der *modifizierenden Genehmigung* ersetzt. Denn bei der Auflage als Nebenbestimmung gemäß § 36 II Nr. 4 VwVfG ergeht eine *zusätzliche Verpflichtung* für den Bauantragsteller, wie etwa eine bestimmte Anzahl an Stellplätzen zu errichten. Diese „echte" Auflage stellt einen *eigenständigen Verwaltungsakt* dar. Bei der modifizierenden Genehmigung hingegen handelt es sich nicht um eine *zusätzliche Verpflichtung*, sondern um eine inhaltliche Änderung der Baugenehmigung gegenüber der eigentlich vom Bauherrn beantragten Baugenehmigung.

Die Problematik der modifizierenden Genehmigung spielt in der Klausur bei der Bestimmung der geeigneten Klageart eine entscheidende Rolle. Denn möchte der Bauherr das Vorhaben gemäß seinem Bauantrag verwirklichen, muss er gegen die modifizierende Baugenehmigung mit einer Verpflichtungsklage nach § 42 I Alt. 2 VwGO auf Erteilung der eigentlich von ihm beantragten Baugenehmigung vorgehen.

Die *Auflage als Nebenbestimmung* ist zwar Bestandteil der Baugenehmigung, aber zugleich auch *selbst ein Verwaltungsakt.* Folglich kann man gegen die Auflage auch *separat* vorgehen und nur gegen diese Widerspruch einlegen sowie mit der Anfechtungsklage nach § 42 I Alt. 1 VwGO getrennt von der Baugenehmigung gerichtliche Schritte einleiten.

Beispiel 31: Auf das *Beispiel 29* mit den Stellplätzen bezogen bedeutet dies, dass der Bauherr mit der Baugenehmigung zur Errichtung seines Wohngebäudes zufrieden ist. Er möchte nur nicht eine bestimmte Anzahl an Stellplätzen errichten. Gegen diese *Auflage* kann er Widerspruch nach §§ 68 ff. VwGO erheben. Auch kann er sie, wenn kein Abhilfebescheid durch die Behörde ergeht, durch die Anfechtungsklage gerichtlich prüfen lassen.

4. Bauvorbescheid

Nach vielen Landesbauordnungen besteht die Möglichkeit, dass der Bauherr bereits *vor* der Einreichung des kompletten Bauantrags einzelne Fragen des baulichen Vorhabens durch die Bauvoranfrage klären lässt. Häufig geht es dabei um die grundsätzliche Frage, ob ein bestimmtes Grundstück überhaupt bebaut werden darf. Die Behörde teilt dem Bauherrn die Antworten auf die in der Bauvoranfrage gestellten Fragen mit dem Bauvorbescheid mit.

Welche Rechtsqualität hat nun der Bauvorbescheid? Der Bauvorbescheid erfüllt alle Merkmale des § 35 S. 1 LVwVfG. Somit handelt es sich bei ihm um einen *Verwaltungsakt.* Der Bauvorbescheid nimmt, seinem Wortlaut entsprechend, einen Teil der Baugenehmigung vorweg. Welche Wirkung kommt diesem vorweggenommenen Teil der Baugenehmigung, also dem Bauvorbescheid zu? Durch den Bauvorbescheid wird verbindlich festgestellt, dass dem Bauvorhaben die positiv beschiedenen Bereiche nicht entgegenstehen. Damit darf die Baurechtsbehörde über diese Frage beim Bauantrag weder nochmals noch in anderer Weise entscheiden.

Beispiel 32: Bauherr B erhält nach einer Bauvoranfrage, in der es um die Frage der Bebauung eines Grundstücks ging, einen Bauvorbescheid mit dem Inhalt, dass eine Bebauung möglich ist. Stellt er daraufhin einen Bauantrag, darf die Baurechtsbehörde nicht entscheiden, dass das Grundstück überhaupt nicht bebaut werden dürfe. Sie darf nur über die Aspekte entscheiden, die im Bauvorbescheid nicht festgestellt wurden, etwa Abstandsflächen oder die konkrete Nutzung des Gebäudes.

5. Teilbaugenehmigung

Die Teilbaugenehmigung ermöglicht es dem Bauherrn, mit der teilweisen Umsetzung des Bauvorhabens bereits zu beginnen. Beim Bauvorbescheid werden dagegen nur einzelne Vorfragen, wie die generelle Bebaubarkeit eines Grundstücks, geklärt. Eine Realisierung des Projekts erlaubt der Bauvorbescheid noch nicht. Bei der Teilbaugenehmigung muss dafür bereits der gesamte Bauantrag bei der Baurechtsbehörde eingereicht sein, bevor sie erteilt werden kann. Ein wichtiger Unterschied zur Baugenehmigung besteht in Folgendem: Bei einem Bauantrag hat der Antragsteller Anspruch auf Erteilung der Baugenehmigung, wenn dem Vorhaben öffentlich-rechtliche Vorschriften nicht entgegenstehen. Bei der Teilbaugenehmigung hat der Antragsteller dagegen lediglich einen Anspruch auf fehlerfreie Ermessensentscheidung.

III. Bauordnungsrechtliche Verfügungen

Ein wichtiger Unterschied zwischen den folgenden bauordnungsrechtlichen Verfügungen und den baurechtlichen Instituten der Baugenehmigung, Teilbaugenehmigung und dem Bauvorbescheid besteht in Folgendem: Baugenehmigung, Teilbaugenehmigung und Bauvorbescheid setzen jeweils einen *Anspruch* des Antragstellers voraus, um die Genehmigung oder den Bescheid erhalten zu können. Bei der Abbruchsansordnung, der Nutzungsuntersagung und der Baueinstellung handelt es sich dagegen um Eingriffsmaßnahmen der Baurechtsbehörde. Diese bedürfen wie alle Eingriffsmaßnahmen einer *Ermächtigungsgrundlage*. Geht es in der Klausur somit um die Prüfung, ob dem Bauherrn die beantragte Baugenehmigung erteilt werden muss, ist entscheidend, ob er einen *Anspruch* auf Erteilung der Baugenehmigung hat.

Hat die Klausur allerdings die Abbruchsanordnung einer Behörde bezüglich eines bestimmen Gebäudes zum Gegenstand, ist entscheidend, ob die Behörde ihr Handeln auf eine *Ermächtigungsgrundlage* stützen kann. Diese Begriffe dürfen in der Klausur demnach auch nicht verwechselt werden. Zu erinnern ist in diesem Zusammenhang daran, dass auch im Polizeirecht die Polizeibehörde ihr Handeln stets auf eine Ermächtigungsgrundlage stützen können muss, welche sie zu der konkreten Handlung ermächtigt. Im Bauordnungsrecht ist dies genauso, auch wenn es nicht ausschließlich um Gefahrenabwehr oder die Sicherheit von Gebäuden geht.

Beispiel 33: Ein Gebäude muss beispielsweise auch dann abgerissen werden, wenn es zwar keine Sicherheitsbedenken hervorruft, aber illegal im Außenbereich (§ 35 BauGB) errichtet wurde. Deshalb wird das Bauordnungsrecht auch nicht mehr als Baupolizeirecht bezeichnet, denn die Maßnahmen betreffen nicht immer die Gefahrenabwehr.

1. Abbruchverfügung

Die Abrissverfügung/ Abbruchsanordnung/ Abbruchverfügung/ Beseitigungsverfügung, ein Verwaltungsakt, stellt einen schwerwiegenden Eingriff in die Grundrechte des Betroffenen dar. Ausgangspunkt der Prüfung in einer Klausur ist deshalb die *Ermächtigungsgrundlage*, auf die die Behörde ihre Verfügung stützt. Durch Nennung der Ermächtigungsgrundlage gibt man in der Klausur vor, was im Folgenden geprüft wird. Außerdem kann der Korrektor so nachvollziehen, unter welche Norm subsumiert wird.

70

Ermächtigungsgrundlage der Abbruchverfügung ist § 65 S.1 LBO **BaWü**; Art. 76 LBO **Bay**; § 80 S. 1 LBO **Berl**; § 80 I LBO **Brbg**; § 79 LBO **Brem**; § 76 LBO **HH**; § 82 I 1 LBO **Hess**; § 80 I LBO **MV**; § 79 I 2 Nr. 4 LBO **Nds**; § 82 I S.1 LBO **NW**; § 81 S. 1 LBO **RhPf**; § 82 I LBO **Saarl**; § 80 S.1 LBO **Sachs**; § 79 LBO **LSA**; § 59 II Nr. 3 LBO **SH**; § 79 I 1, II LBO **Thür**. Danach setzt die Abbruchverfügung voraus, dass eine bauliche Anlage im Widerspruch zu öffentlich-rechtlichen Vorschriften errichtet wurde und auf andere Weise keine rechtmäßigen Zustände hergestellt werden können.

Rechtsfolge ist, dass der vollständige oder teilweise Abbruch des Gebäudes angeordnet werden kann. Es handelt sich bei der Abbruchsverfügung also um eine Entscheidung der Behörde nach pflichtgemäßem Ermessen.

Ein Bauwerk kann formell und materiell illegal errichtet worden sein. Der *formelle* Bereich betrifft organisatorische Fragen, der *materielle* Bereich inhaltliche Fragen. Formelle Rechtswidrigkeit besteht im Baurecht demnach, wenn eine bauliche Anlage *ohne Baugenehmigung* errichtet wurde. Hier mangelt es am Organisatorischen bzw. Formellen. Materielle Rechtswidrigkeit besteht dann, wenn eine bauliche Anlage (inhaltlich) *gegen öffentlich-rechtliche Vorschriften verstößt.*

Beispiel 34: Im Außenbereich wird ein Wochenendhaus errichtet; die Abstandsflächen werden nicht eingehalten; statt der vorgeschriebenen dreigeschossigen Bauweise wird ein viergeschossiges Bauwerk errichtet; in einem reinen Wohngebiet wird ein Gebäude für einen Gewerbebetrieb genutzt oder - abstrakt umschrieben – ein im Bereich des § 34 BauGB errichtetes Bauwerk fügt sich nicht in die Umgebung ein. In all diesen Fällen liegt ein Verstoß gegen öffentlich-rechtliche Vorschriften und damit materielle Rechtswidrigkeit vor.

Denkbar ist aber auch, dass ein Bauwerk z.B. nur *formell* rechtswidrig, also ohne die erforderliche Baugenehmigung errichtet wurde. Fallen bauliche Anlagen unter das Genehmigungs- oder Anzeigeverfahren, müssen sie *formell und materiell* rechtswidrig sein, damit eine *Abbruchverfügung* ergehen kann.

Warum genügt nicht die *bloße formelle* Rechtswidrigkeit? Weil die Ermächtigungsgrundlage voraussetzt, dass auf andere Weise keine rechtmäßigen Zustände hergestellt werden können. Wurde ein Bauwerk materiell rechtmäßig, allerdings ohne Baugenehmigung errichtet, kann dieser Fehler ja dadurch korrigiert werden, dass der Betroffene einen Antrag auf Erteilung einer Baugenehmigung stellt und damit auch die formelle Rechtmäßigkeit herstellt.

Beispiel 35: Künstler K lässt auf seinem bisher unbebauten Grundstück in einem allgemeinen Wohngebiet ein Wohngebäude mit Atelier errichten. Aufgrund einer großen Vernissage in naher Zukunft kümmert er sich nicht um eine Baugenehmigung. - Hier wäre das Gebäude zwar formell illegal, allerdings könnte K jederzeit eine Baugenehmigung beantragen, die er auch erhalten würde. Es kann auf diese Weise ein rechtmäßiger Zustand hergestellt werden. Grotesk wäre es, wenn K sein Wohngebäude mit Atelier zunächst abreißen müsste, um dann auf Grundlage einer danach beantragten Baugenehmigung das gleiche Wohngebäude mit Atelier nochmals zu errichten. Es wäre aber nicht nur grotesk, sondern auch *unverhältnismäßig*. Deshalb wäre auch eine derartige Abbruchsverfügung rechtswidrig.

Warum genügt nicht die bloße *materielle* Rechtswidrigkeit? Dies wäre die Konstellation, dass ein Bauwerk sich beispielsweise in einem Gebiet nach § 34 BauGB nicht einfügt oder die Abstandsflächen nicht einhält, allerdings durch eine Baugenehmigung abgedeckt ist. In diesem Fall besteht also eine Baugenehmigung für das Gebäude, obwohl es materiell illegal ist. Die Baugenehmigung gibt dem Bauherrn das Recht, das genehmigte Gebäude zu errichten. Eine Abbruchsverfügung kann bei bestehender Baugenehmigung deshalb nicht ergehen. Man nennt dies die sog. *Legalisierungswirkung* der Baugenehmigung.

Die Baurechtsbehörde kann die Baugenehmigung aber zurücknehmen. Die Rücknahme rechtswidriger Verwaltungsakte ist als sog. actus contrarius zur Baugenehmigung nach § 48 VwVfG unter den dort genannten Voraussetzungen möglich.

Gibt es dennoch Konstellationen, bei denen die bloße materielle Rechtswidrigkeit genügt? Ja, bei baulichen Anlagen, die weder genehmigungs-, zustimmungs- noch anzeigepflichtig sind, also bei den *verfahrensfreien* Vorhaben. Hier kann es zu einer formellen Illegalität überhaupt nicht kommen. Deshalb genügt in solchen Fällen die materielle Illegalität der baulichen Anlagen, um eine Abbruchsverfügung erlassen zu können.

Die Abbruchverfügung muss allerdings in jedem der genannten Fälle auch *verhältnismäßig* sein. Der Grundsatz der Verhältnismäßigkeit gebietet es, zu prüfen, wie sich Nutzen und Schaden eines Abbruchs gegenüberstehen, d.h. ob ein Missverhältnis gegeben ist.

Beispiel 36 (nach BVerwG NVwZ 1989, 353 f.): Bauherr B ist Eigentümer eines Grundstücks im Außenbereich. Dieses Grundstück des B ist nur über zwei Feldwege zu erreichen, die nicht zum öffentlichen Verkehrsnetz gehören und auch nicht im Eigentum des B stehen. Auf dem Grundstück hat B eine bauliche Anlage ohne Baugenehmigung errichtet. Die Zufahrt zum Grundstück wird von dem Eigentümer der Feldwege geduldet. Die von B nachträglich beantragte Baugenehmigung wird mit der Begründung abgelehnt, dass es an der öffentlich-rechtlichen Sicherung einer tatsächlich vorhandenen Zufahrt fehle, weshalb die Erschließung nicht gesichert sei. Die beiden nicht im Eigentum des B stehenden und nicht zum öffentlichen Verkehrsnetz gehörenden Feldwege seien diesbezüglich nicht ausreichend. Es sei rechtlich nicht gesichert, dass das Baugrundstück über die Feldwege dauerhaft eine Verbindung zum öffentlichen Straßennetz aufweise. Die übrigen Voraussetzungen (§ 35 BauGB) zum Erhalt der Baugenehmigung seien aber gegeben.

Die Baurechtsbehörde hat dem B allerdings nicht nur keine Baugenehmigung erteilt, sondern ihn über eine Abrissverfügung mit der Begründung der fehlenden Sicherung einer Zufahrt auch verpflichtet, die bereits errichtete bauliche Anlage wieder zu beseitigen. B wehrt sich gegen diese Abrissverfügung. Das Bundesverwaltungsgericht hat hierzu ausgeführt, dass die Baurechtsbehörden zur Beseitigung einer *formell und materiell baurechtswidrigen Anlage* grundsätzlich berechtigt seien. Im vorliegenden Fall würde die Abbruchsverfügung allerdings gegen den Grundsatz der *Verhältnismäßigkeit* verstoßen. Die materielle Illegalität beruhe ausschließlich auf dem Fehlen einer dauerhaften rechtlichen Sicherung der Zugänglichkeit zum Grundstück. Das Grundstück könne aber über einen der beiden Feldwege erreicht werden.

Solange es nur an der rechtlichen Sicherung dieser Zugänglichkeit zum Grundstück fehle, sie aber nicht konkret in Frage gestellt sei, erscheine eine Abbruchsverfügung unverhältnismäßig, zumal nicht ausgeschlossen werden könne, dass der B diese Sicherung noch erhalte. Solange die Zufahrt von den Eigentümern der Feldwege geduldet werde, sei eine Abrissverfügung also unverhältnismäßig. Grund hierfür sei, dass der Nutzen und der Schaden in einem Missverhältnis stünden. Die Kosten eines Abrisses würden schwerer wiegen als der Nutzen, dass der baurechtmäßige Zustand hergestellt würde. Durch die Abbruchsverfügung würde nur der Fehler ausgeglichen, dass die fehlende rechtliche Sicherung der Zufahrt nicht bestehe, wobei durch die Duldung eine faktische Sicherung der Zufahrt vorhanden sei. Da hier ein Missverhältnis vorliege, sei eine solche Abbruchsverfügung unverhältnismäßig und damit rechtswidrig.

Wie ist es nun, wenn sich die Rechtslage im Laufe der Zeit ändert und ein eigentlich rechtmäßig errichtetes Bauwerk nach neuer Rechtslage nicht mehr errichtet werden dürfte? Ist es dann illegal und muss unter Umständen sogar abgerissen werden? Die Frage wird unter dem Stichwort *„Bestandsschutz"* diskutiert. Der Bestandsschutz garantiert, dass ein im Einklang mit damals geltendem Recht errichtetes Bauwerk weiterhin so unterhalten und genutzt werden darf, wie es zur damaligen Zeit möglich war, auch wenn dies nach neuer Rechtslage nicht mehr zulässig wäre (BVerwGE 47, 126).

Der Bestandsschutz sichert damit die Legalität einer baulichen Anlage gegenüber rechtlichen Änderungen. Rechtliche Änderungen können dabei Gesetzesänderungen und Änderungen in der Rechtsprechung sein. Der Bestandsschutz umfasst auch Erhaltungs- und Verbesserungsmaßnahmen am Gebäude. Grundsätzlich rechtfertigt der Bestandsschutz aber nicht, dass das Gebäude anders genutzt wird.

Beispiel 37: Wenn sich nach einer Änderung der Rechtsprechung bestimmte Gebäude nach § 34 BauGB nicht mehr einfügen, berührt dies nicht die bereits bestehenden Gebäude. Wenn im Außenbereich eine Scheune zur landwirtschaftlichen Nutzung errichtet wurde, umfasst der Bestandsschutz auch nur diese landwirtschaftliche Nutzung, nicht die Nutzung der Scheue als Partyraum oder Wochenendhaus.

Woraus nun ergibt sich der Bestandsschutz – direkt aus Art. 14 GG? So wurde es vom Bundesverwaltungsgericht lange Zeit gehandhabt. Allerdings macht Art. 14 I 2 GG die Aussage, dass Inhalt und Schranken des Eigentums durch die Gesetze bestimmt werden. Daraus folgt, dass der Bestandsschutz in einfachgesetzlichen Regelungen inhaltlich bestimmt wird (etwa in § 35 IV BauGB) und man sich als Kläger gegen eine Abrissverfügung nicht direkt auf Art. 14 I GG berufen kann. So argumentiert inzwischen auch das Bundesverwaltungsgericht.

Verfassungsrechtlich denkbar ist demgemäß auch, dass einfachgesetzliche Regelungen, wenn sie den Bestandsschutz nicht im Einklang mit Art. 14 I GG gewähren, verfassungswidrig sind. Es bleibt aber dabei, dass sich der Betroffene beim Bestandsschutz nicht unmittelbar auf Art. 14 I GG stützen kann. So ist es übrigens auch bei der *Baugenehmigung*. Die Baufreiheit ergibt sich zwar aus Art. 14 I GG. Da der Inhalt des Eigentums aber durch die Gesetze bestimmt wird, muss sich der Antragsteller auf § 58 I BauO **BaWü**, Art. 68 BauO **Bay**, § 71 I BauO **Berl**, § 72 BauO **Brbg**, § 72 BauO **Brem**; § 72 I BauO **HH**, § 74 I BauO **Hess**, § 72 BauO **MV**, § 70 I BauO **Nds**, § 74 I BauO **NW**, § 70 BauO **RhPf**, § 73 BauO **Saarl**, § 72 I BauO **Sachs**, § 71 BauO **SA**, § 73 I BauO **SH**, § 71 I BauO **Thür** berufen, wenn er prozessual gegen den ablehnenden Bescheid vorgehen möchte. Aus dieser Norm leitet er auch seine Klagebefugnis nach § 42 II VwGO her.

Zusammenfassung: Das Gebäude muss sowohl formell als auch materiell illegal errichtet worden sein, wenn es sich um ein Vorhaben handelt, das in den Bereich der Genehmigungs-, Zustimmungs- oder Anzeigepflichtigkeit fällt. Wenn es sich dagegen um ein *verfahrensfreies* Vorhaben handelt, genügt natürlich die materielle Illegalität. Der Abbruchsverfügung kann allerdings die Bestandskraft der baulichen Anlage samt Nutzung entgegenstehen.

Schema: Aufbau der Rechtmäßigkeitsprüfung einer Abbruchverfügung

I. Ermächtigungsgrundlage: § 65 S.1 LBO **BaWü**; Art. 76 LBO **Bay**; § 80 S. 1 LBO **Berl**; § 80 I LBO **Brbg**; § 79 LBO **Brem**; § 76 LBO **HH**; § 82 I 1 LBO **Hess**; § 80 I LBO **MV**; § 79 I 2 Nr. 4 LBO **Nds**; § 82 I S.1 LBO **NW**; § 81 S. 1 LBO **RhPf**; § 82 I LBO **Saarl**; § 80 S.1 LBO **Sachs**; § 79 LBO **LSA**; § 59 II Nr. 3 LBO **SH**; § 79 I 1, II LBO **Thür.**

II. Formelle Rechtmäßigkeit
1. Zuständigkeit
2. Verfahren
3. Form

III. Materielle Rechtmäßigkeit
Voraussetzungen der Ermächtigungsgrundlage

Vor der Subsumtion des Sachverhalts müssen unter Umständen noch Begriffe definiert und geklärt werden. Bei der Abbruchsverfügung spielt zum Beispiel oft die Frage des *Bestandsschutzes* eine Rolle. Es wird dann zunächst der Bestandsschutz erläutert und im nächsten Schritt durch die Subsumtion geprüft, ob das in der Klausur genannte Gebäude tatsächlich Bestandsschutz genießt.

➔ Voraussetzungen der Ermächtigungsgrundlage
    (1) Formelle Illegalität?
      (Hier muss bei verfahrensfreien Vorhaben unter
      Umständen diskutiert werden, dass es eine
      formelle Illegalität gar nicht geben kann.)
    (2) Materielle Illegalität?
    (3) Kein Bestandsschutz
      (Unterliegt das Gebäude dem Bestandsschutz, kann
      keine Abbruchsverfügung erlassen werden.)
    (4) Verhältnismäßigkeit der Maßnahme
      (Geboten, erforderlich, angemessen?)

IV. Nur im Rahmen einer Anfechtungsklage zu prüfen:
Es genügt nicht, dass die Abbruchsverfügung objektiv rechtswidrig ist. Sie muss den Kläger auch in seinen subjektiven Rechten verletzen, vgl. § 113 I VwGO. Hier schließt sich der Kreis, der bei der Prüfung der Klagebefugnis nach § 42 II VwGO begonnen wurde.

2. Die Nutzungsuntersagung

Wie auch bei der Abbruchsverfügung handelt es sich bei der Nutzungsuntersagung um eine Ermessensentscheidung. Ermächtigungsgrundlage der Nutzungsuntersagung ist § 65 S. 2 LBO **BaWü**; Art. 76 LBO **Bay**; § 80 S.2 LBO **Berl**; § 80 I LBO **Brbg**; § 79 LBO **Brem**; § 76 LBO **HH**; § 82 I 2 LBO **Hess**; § 80 II LBO **MV**; § 79 I 2 Nr. 5 LBO **Nds**; § 82 I S.2 LBO **NW**; § 81 LBO **RhPf**; § 82 II LBO **Saarl**; § 80 S. 2 LBO **Sachs**; § 79 S.2 LBO **LSA**; § 59 II Nr. 4 LBO **SH**; § 79 I 2 LBO **Thür**.

Enthält eine LBO keine Regelung zur Nutzungsuntersagung, bedeutet dies nicht, dass diese nicht verfügt werden kann, sondern dass diese auf die *bauordnungsrechtliche Generalklausel* als Ermächtigungsgrundlage zu stützen ist, s. S. 80.

Die Nutzungsuntersagung setzt voraus, dass eine bauliche Anlage oder ein unbebautes Grundstück im Widerspruch zu öffentlich-rechtlichen Vorschriften genutzt wird. Wie bei der Abbruchsverfügung kann zwischen der formellen und der materiellen Illegalität der Nutzung unterschieden werden. Die formelle Rechtswidrigkeit ist gegeben, wenn eine bauliche Anlage oder ein unbebautes Grundstück *ohne Genehmigung* genutzt wird. Materielle Rechtswidrigkeit besteht, wenn die Nutzung inhaltlich gegen öffentlich-rechtliche Vorschriften verstößt.

Beispiel 38: Formell illegal ist es, wenn beispielsweise in einem Dorfgebiet durch Nutzungsänderung ein Tankstellengebäude zukünftig ohne Genehmigung als Einzelhandelsbetrieb statt als Tankstelle betrieben wird. Beides ist in einem Dorfgebiet materiell rechtmäßig, vgl. § 5 II Nr. 5 und Nr. 9 BauNVO.

Beispiel 39: Materiell illegal ist es, wenn ein störender Handwerksbetrieb in einem reinen Wohngebiet (§ 3 BauNVO) betrieben wird.

Mit der Baugenehmigung zur Errichtung etwa eines Gewerbebetriebes wird zugleich auch die baurechtliche Nutzung des Gebäudes als Gewerbebetrieb erteilt. Die von der Errichtung eines Gebäudes losgelöste Frage der bloßen Nutzungsgenehmigung stellt sich bei einer Nutzungsänderung, vgl. § 29 I BauGB.

Von einer Nutzungsänderung spricht man, wenn ein Gebäude in der Weise anders genutzt werden soll, dass es andere in § 1 VI genannte Belange negativ berührt bzw. berühren kann. Dann nämlich kann die Nutzungsänderung bodenrechtliche Spannungen auslösen, ist damit planungsrechtlich relevant und berührt folglich den § 29 BauGB. Anhaltspunkt für eine Nutzungsänderung ist in der Klausur, ob das Vorhaben nach der BauNVO einer anderen Regelung unterworfen wird. Dann liegt in jedem Fall eine Nutzungsänderung nach § 29 BauGB vor.

Beispiel 40: Wechselt man in einem Gewerbegebiet die Nutzung von einem Geschäfts- und Bürogebäude (§ 8 II Nr. 2 BauNVO) zu einem Wohnkomplex für Aufsichts- und Bereitschaftspersonen des Betriebs (§ 8 III Nr. 1 BauNVO), unterwirft man sich einem anderen Regelungsbereich der BauNVO. Geschäfts- und Bürogebäude sind nämlich in einem Gewerbegebiet generell zulässig, derartige Wohnkomplexe nur ausnahmsweise.

Aber auch wenn dies nicht der Fall ist und innerhalb eines Regelungsbereichs der BauNVO eine Änderung der Nutzung vorgenommen wird, kann eine Nutzungsänderung i.S.d. § 29 BauGB vorliegen. Wie bereits dargestellt, ist dies denkbar, wenn Belange des § 1 V oder § 1a BauGB berührt werden.

Sehr umstritten ist bei der Nutzungsuntersagung (im Gegensatz zur Abbruchsverfügung), ob die Nutzung *formell und materiell illegal* sein muss. Hierzu gibt es auch innerhalb der Rechtsprechung und Literatur unterschiedliche Meinungen. Eine „richtige" Meinung gibt es nicht. Es kommt darauf an, wie man in der Klausur argumentiert.

Der *Gesetzeswortlaut* ist bei dieser Argumentation der erste Anhaltspunkt. Er gibt auf diese Frage jedoch keine (eindeutige) Antwort. Was die *systematische Auslegung* betrifft, kann man so argumentieren: Abrissverfügung und Nutzungsuntersagung werden zusammen geregelt. Dies könnte dafür sprechen, dass wie bei der Abrissverfügung auch die Nutzungsuntersagung sowohl formelle als auch materielle

Illegalität voraussetzt. Dagegen könnte allerdings wiederum der Wortlaut einiger LBauOs bei der „Nutzungsuntersagung" sprechen: Anders als bei der Abrissverfügung enthält der Gesetzeswortlaut zur Nutzungsuntersagung teilweise nicht die Vorgabe, dass ein rechtmäßiger Zustand auf andere Weise nicht hergestellt werden kann. Dies spricht gegen eine einheitliche Regelung von Abrissverfügung und Nutzungsuntersagung und damit dafür, dass bereits die formelle Illegalität genügt, um eine Nutzungsuntersagung auszusprechen.

Genügt also die formelle Illegalität? Eine Meinung bejaht dies neben den bereits genannten Argumenten damit, dass im Gegensatz zur Abrissverfügung durch eine Nutzungsuntersagung ein neu geschaffener Vermögensgegenstand (die errichtete bauliche Anlage) nicht vernichtet werde. Deshalb genüge die formelle Illegalität.

Die Gegenauffassung argumentiert, dass die Nutzungsuntersagung gegenüber einem Gewerbebetrieb durchaus erhebliche Auswirkungen auf das Vermögen haben könne und folglich auch materiell feststehen müsse, dass die Nutzung illegal sei. Selbstverständlich sind beide Meinungen vertretbar. Wie in jeder Klausur gilt aber, dass eine Entscheidung zwischen beiden Meinungen nicht erforderlich ist, wenn eine Anlage sowohl formell als auch materiell illegal genutzt wird. Dann kommt es auf diese Streitfrage nämlich gar nicht an.

Zu beachten ist bei der Nutzungsuntersagung auch Folgendes: Wenn die Baurechtsbehörde bereits durch eine Nutzungsuntersagung rechtmäßige Zustände herstellen kann, würde es gegen den Grundsatz der *Verhältnismäßigkeit* verstoßen, wenn die Baurechtsbehörde dennoch eine Abrissverfügung erlassen würde.

Beispiel 41: Ein in einem reinen Wohngebiet errichtetes Wohngebäude wird illegal als Gewerbebetrieb genutzt. Hier wäre es unverhältnismäßig und damit rechtswidrig, den Abriss des Gebäudes zu verfügen. Erforderlich ist es lediglich, die Nutzung des Betriebs zu untersagen.

3. Baueinstellung bzw. Stilllegungsverfügung

Eine weitere Eingriffsmaßnahme der Baurechtsbehörde stellt die Baueinstellungsverfügung bzw. Stilllegungsverfügung dar. Werden Anlagen im Widerspruch zu öffentlich-rechtlichen Vorschriften gebaut, kann die Baurechtsbehörde die *Einstellung der Arbeiten* (vgl. z.B. § 64 LBO BaWü, § 81 LBO Hess, § 81 LBO NW) anordnen.

Was ist, wenn die Behörde erst nach Fertigstellung des Bauwerks bemerkt, dass der Bauherr keine Baugenehmigung etc. zur Errichtung der Anlage hat? Greift dann auch die betreffende Norm der LBO? Nein, diese Norm würde ins Leere laufen. Liegen z.B. die tatbestandlichen Voraussetzungen des § 64 I LBO BaWü vor, wird die Baurechtsbehörde als Rechtsfolge ermächtigt, die Baueinstellung zu verfügen. Bei einem bereits fertig errichteten Bauwerk ist dies indes nicht mehr möglich. Die Behörde muss sich folglich auf andere Ermächtigungsgrundlagen stützen, um rechtmäßige Zustände herzustellen, etwa die Abrissverfügung, wenn die dortigen Voraussetzungen erfüllt sind.

Was kann die Behörde tun, wenn der Bauherr die Baueinstellungsverfügung ignoriert und die Bauarbeiten einfach fortsetzt? Für diese Konstellation bietet z.B. § 64 II LBO BaWü eine Handhabe. Werden die Bauarbeiten nämlich trotz schriftlich oder mündlich verfügter Einstellung fortgesetzt, kann die Baurechtsbehörde die Baustelle versiegeln und außerdem an der Baustelle vorhandene Baustoffe, Bauteile, Baugeräte etc. in amtlichen Gewahrsam nehmen.

4. Bauordnungsrechtliche Generalermächtigung

Schließlich gibt es als Ermächtigungsgrundlage unter „Aufgaben und Befugnisse der Bauaufsichtsbehörden" noch die bauordnungsrechtliche Generalklausel § 47 I LBO **BaWü**; Art. 54 II LBO **Bay**; § 58 LBO **Berl**; §§ 58,81 LBO **Brbg**; § 58 LBO **Brem**; § 58 LBO **HH**; § 61 II LBO **Hess**; § 58 LBO **MV**; §§ 76, 79 LBO **Nds**; § 58 II LBO **NW**; § 59 LBO **RhPf**; § 57 LBO **Saarl**; § 58 LBO **Sachs**; § 57 LBO **SA**; § 59 LBO **SH**; § 58 LBO **Thür**. Danach haben die Baurechtsbehörden die Aufgabe, bezüglich der baulichen Anlagen darauf zu achten, dass die entsprechenden öffentlich-rechtlichen Vorschriften eingehalten werden. Zugleich werden sie ermächtigt, zur Wahrnehmung dieser Aufgaben diejenigen Maßnahmen zu treffen, die nach pflichtgemäßem Ermessen erforderlich sind.

Diese Generalermächtigung ist das bauordnungsrechtliche Pendant zur polizeilichen Generalklausel in den Polizei- und Ordnungsgesetzen der Länder. Dabei ist zwischen der *Aufgabennorm* und der *Befugnisnorm* zu unterscheiden. Nach § 47 I 1 LBO BaWü z.B. hat die Baurechtsbehörde die dort genannten Aufgaben wahrzunehmen. Dies ist die Aufgabennorm, welche die Behörde verfassungsrechtlich allerdings nicht ermächtigt, Eingriffsmaßnahmen durchzuführen. Nach dem Vorbehalt des Gesetzes darf die Baurechtsbehörde bzw. die gesamte Verwaltung nur eingreifen, wenn eine gesetzliche Ermächtigungsgrundlage besteht. Diese gesetzliche Grundlage besteht in der Befugnisnorm nach § 47 I 2 LBO BaWü. Daraus folgt die *Ermächtigung, die erforderlichen Maßnahmen durchzuführen.*

In manchen Lehrbüchern wird bei den oben genannten Vorschriften auch von der sog. *bauordnungsrechtlichen Generalklausel* gesprochen. Gemeint sind damit auch die entsprechenden Aufgaben- und Ermächtigungsnormen. Man darf dies dann nur nicht verwechseln mit der ebenfalls sog. bauordnungsrechtlichen Generalklausel nach § 3 bzw. Art. 3 der entsprechenden Landesbauordnung, in der inhaltliche Anforderungen an bauliche Anlagen geregelt werden. Eine

Ermächtigung zum Eingriff stellen diese Vorschriften zu den inhaltlichen Anforderungen nicht dar.

Weitere Ermächtigungsgrundlagen sind dagegen, wie bereits ausgeführt, auch die Vorschriften zur Abrissverfügung, Nutzungsuntersagung und Baueinstellung als *spezielle* Ermächtigungsgrundlagen. Die Generalermächtigung ist eine allgemeine Ermächtigungsgrundlage. Dies bedeutet auch, dass sich die Baurechtsbehörde darauf stützen kann, wenn es in der LBO keine speziellen Ermächtigungsgrundlagen gibt, etwa für eine Baueinstellung. Gibt es allerdings eine spezielle Ermächtigungsgrundlage, ist der Rückgriff auf die Generalklausel nicht möglich, da diese subsidiär ist. Hier verhält es sich genauso wie im Polizeirecht zwischen Standardmaßnahmen und der polizeilichen Generalklausel.

Durch die bauordnungsrechtliche Generalklausel erhält die Baurechtsbehörde z.B. die Befugnis, eine sog. Aufräumverfügung zu erlassen.

Beispiel 42: Bauherr B hat ein Grundstück mit Altbau erworben, den Altbau abgerissen und einen Neubau errichtet. Für alle Maßnahmen hatte er die entsprechenden Genehmigungen. Da sämtliche Arbeiten ziemlich anstrengend waren, hat er keine Lust, die nach Abschluss der Baumaßnahmen auf seinem Grundstück noch herumliegenden Bauteile wegzuschaffen. Hier sind der Baurechtsbehörde nicht die Hände gebunden. Sie kann den B auf Grundlage der Generalklausel verpflichten, diese Bauteile zu beseitigen.

Die Baurechtsbehörde kann auf Grundlage der Generalermächtigung auch eine Bauvorlagenverfügung oder Verkleinerungsverfügung erlassen.

Beispiel 43: B hat in einem im Zusammenhang bebauten Ortsteil (§ 34 BauGB) ein Wohngebäude vollständig errichtet, das sich einzufügen scheint und damit materiell rechtmäßig sein dürfte. Allerdings hat er dafür keine Baugenehmigung, diese hat er nämlich gar nicht beantragt. Hier kann ihn die Baurechtsbehörde durch die bauordnungsrechtliche Generalermächtigung verpflichten, prüfungsfähige Bauvorlagen, also Baupläne, einzureichen, damit die Behörde die Zulässigkeit der Anlage prüfen und ggf. eine Baugenehmigung erteilen kann. Eine Baueinstellungsverfügung ist hier nicht möglich, da das Wohngebäude bereits vollständig errichtet ist.

Beispiel 44: B hat die Abstandsflächen zu seinem Nachbarn erheblich überschritten. Die Baurechtsbehörde möchte B verpflichten, seine die Abstandsflächen überschreitende nördliche Außenwand abzureißen und versetzt wieder zu errichten. Die Ermächtigung für die Abrissverfügung ist hier nicht einschlägig. Diese würde den B nur verpflichten, die Außenwand abzureißen, nicht aber dazu, sie versetzt wieder aufzubauen. Dies erreicht die Behörde durch die Verkleinerungsverfügung auf Grundlage der bauordnungsrechtlichen Generalermächtigung.

Die Abgrenzung der Anwendung der Generalermächtigung zur Abrissverfügungsermächtigung ist auch wichtig bei Gebäuden, die zwar rechtmäßig errichtet wurden, wegen nicht durchgeführter Renovierungen nun aber baufällig sind und damit die Sicherheitsvorschriften nicht mehr einhalten, folglich rechtswidrig sind. Die Abrissverfügung ist hier nicht einschlägig. Diese setzt nämlich voraus, dass eine bauliche Anlage im Widerspruch zu öffentlich-rechtlichen Vorschriften *errichtet wurde*. Möchte die Baurechtsbehörde einen Abriss des baufälligen Gebäudes erreichen, muss sie sich auf die bauordnungsrechtliche Generalermächtigung stützen.

F. Der Nachbarschutz im Baurecht

I. Das subjektiv-öffentliche Recht und nachbarschützende Normen

Der Nachbarschutz im Baurecht ist ein beliebtes Klausurthema, da es die Konstellation zwischen Bauherr und Behörde um eine weitere Komponente, den Nachbarn bzw. die Nachbarrechte, zur sog. dreipoligen Rechtsbeziehung erweitert.

Beispiel 45: Bauherr B erhält von der Baurechtsbehörde die Baugenehmigung durch Ausnahmeregelung nach § 31 I BauGB zur Errichtung
eines nicht störenden Gewerbebetriebes. Nachbar N hält die Erteilung
einer Ausnahmegenehmigung für ermessensfehlerhaft, jedenfalls sei der
konkret geplante Gewerbebetrieb des B störend.

In der Baurechtsklausur muss nun immer herausgearbeitet
werden, ob eine Baurechtsnorm *drittschützend* ist, also auch
die Rechte des Nachbarn schützt. Hintergrund dessen ist die
angesprochene Erweiterung der Klausur um die Komponente der Nachbarrechte. Dabei genügt es nicht, dass eine
bauliche Anlage objektiv rechtswidrig ist. Vielmehr muss der
Nachbar dadurch auch in seinen Rechten verletzt sein.

Beispiel 46: Wenn ein Gebäude sich in einem im Zusammenhang bebauten Gebiet nach § 34 BauGB nicht einfügt, ist der im Nachbarort wohnen-
de Kläger K noch lange nicht in seinen Rechten verletzt. Es muss in der
Klausur immer herausgearbeitet werden, welche nachbarschützenden
Normen durch die Erteilung einer Baugenehmigung verletzt werden *und*
ob sich der Kläger auf diese Normen berufen kann.

In der Klausur spielt dies sowohl in der Zulässigkeit als auch
in der Begründetheit der Klage eine Rolle. Bei einer Nachbarklage ist im Rahmen der Klagebefugnis nach § 42 II
VwGO in der Zulässigkeit zu prüfen, in welchen Rechten der
Nachbar verletzt sein könnte. In der Begründetheit spielen
nachbarschützende Vorschriften im Rahmen des § 113 I
und V VwGO eine Rolle. Die Klage ist nur begründet, wenn
auch eine *Rechtsverletzung* gegeben ist. Dabei ist stets
wichtig, deutlich zu machen, weshalb eine Norm nachbarschützend ist. Bei der Prüfung der Klagebefugnis nach § 42
II VwGO brauchen nicht alle nachbarschützenden Normen
herausgearbeitet werden. Die Klagebefugnis ist ja bereits
gegeben, wenn bezüglich *einer* nachbarschützenden Norm
eine mögliche Rechtsverletzung nicht von vornherein und
nach jeder denkbaren Betrachtungsweise ausgeschlossen
ist.

Wer kommt als *Nachbar* überhaupt in Frage, nur die Angrenzer oder auch Personen darüber hinaus? Im Bezug auf nachbarschützende Normen ist Nachbar nicht nur der Angrenzer, sondern jede Person, die durch ein bauliches Vorhaben in seinen rechtlich geschützten Interessen beeinträchtigt wird. Da das Baurecht *grundstücksbezogen* ist, können dies grundsätzlich nur die rechtlich geschützten Interessen des *dinglich Berechtigten*, also des Eigentümers oder sonst dinglich Berechtigten sein. Mieter und Pächter kommen grundsätzlich nicht in Betracht, was allerdings umstritten ist.

Welche Normen sind nun nachbarschützend bzw. drittschützend? Alle Normen, die den Interessen eines Dritten bzw. dem Nachbarn zu dienen bestimmt sind. Dies sind die sog. subjektiv-öffentlichen Rechte. Dabei bestimmt der Schutzzweck der Norm, ob diese nachbarschützend ist oder nicht.

II. Das baurechtliche Gebot der Rücksichtnahme

Im Nachbarschutz spielt neben den unmittelbar nachbarschützenden Normen das in der Literatur nicht unumstrittene baurechtliche *Gebot der Rücksichtnahme* eine entscheidende Rolle. Entsprechen sich nachbarschützende Normen und das baurechtliche Gebot der Rücksichtnahme? Ist damit dasselbe gemeint? Nein, nicht unbedingt. Es gibt baurechtliche Normen, die durch ihren Schutzzweck bereits Nachbarschutz vermitteln. So gewährt beispielsweise § 31 II BauGB schon durch seinen eindeutigen Wortlaut Nachbarschutz. Nach § 31 II müssen nämlich bei Abweichungen auch die *nachbarlichen Interessen* gewürdigt werden.

Bei Normen ohne diesen direkten Bezug zum Nachbarschutz kann sich aus dem *Gebot der Rücksichtnahme* dennoch ergeben, dass Drittschutz und damit Nachbarschutz vermittelt wird. Entscheidend ist dabei, dass sich aus den individualisierenden Tatbestandsmerkmalen einer Vorschrift ein sich von der Allgemeinheit unterscheidender Personenkreis entnehmen lässt (BVerwGE 78, 40).

Dem objektiven Verstoß gegen das Rücksichtnahmegebot kommt nachbarschützende Wirkung zu, wenn durch den Verstoß in qualifizierter und zugleich individualisierter Weise in schutzwürdige Rechtspositionen Dritter eingegriffen wird (BVerwGE 52, 122; 94, 151). Dies ist dann der Fall, wenn die tatsächlichen Umstände handgreiflich ergeben, auf wen Rücksicht zu nehmen ist und eine besondere rechtliche Schutzwürdigkeit des Betroffenen anzuerkennen ist.

Das Ergebnis ist durch eine gegenseitige Abwägung der schutzwürdigen Interessen zu ermitteln (BVerwGE 82, 343). Wichtig für die Klausur ist, dass das Gebot der Rücksichtnahme *aus einer Norm* hergeleitet wird. Das Gebot der Rücksichtnahme darf nicht im luftleeren Raum stehen und in der Klausur plötzlich auftauchen, sondern muss auf einer *Norm* beruhen, da es kein allgemeines baurechtliches Gebot darstellt. Dies entspricht auch der Rechtsprechung des Bundesverwaltungsgerichts (BVerwGE 89, 69).

Unter anderem folgende Normen des *Bauplanungsrechts* sind als nachbarschützend anerkannt:

- §§ 2-10 BauNVO haben nachbarschützende Wirkung; werden diese im Bebauungsplan (als Art der baulichen Nutzung) festgesetzt, bilden die Grundstücks- und Wohnungseigentümer innerhalb des Plangebiets eine sog. bau- und bodenrechtlichen *Schicksalsgemeinschaft* und haben einen Anspruch auf Wahrung des Gebietscharakters.

- § 15 I 2 BauNVO geht sogar über das jeweilige Plangebiet hinaus und gibt dem Betroffenen die Möglichkeit, außerhalb seine Plangebiets liegende Rechtsverletzungen anzugreifen. Wichtig: An dieser Stelle kann er sich nur auf das im § 15 I 2 BauNVO verankerte *Rücksichtnahmegebot* berufen. Eine bau- und bodenrechtliche Schicksalsgemeinschaft bilden nämlich nur die Eigentümer innerhalb eines Plangebiets. Der Betroffene muss dann in qualifizierter und zugleich individualisierter Weise in schutzwürdigen Rechtspositionen verletzt sein.

- § 15 BauNVO bzw. das darin verankerten Rücksichtnahmegebot ist nachbarschützend.

- § 31 II BauGB kommt nachbarschützende Wirkung zu, indem die nachbarlichen Belange durch das Gebot der Rücksichtnahme zu beachten sind.

- § 34 I BauGB hat insoweit nachbarschützende Wirkung, als das Gebot der Rücksichtnahme im Tatbestandsmerkmal des „Sich-Einfügens" enthalten ist.

- § 34 II BauGB schützt die Interessen des Nachbarn in der Weise, wie sie durch einen tatsächlich vorhandenen Bebauungsplan geschützt wären. Natürlich nur insoweit, als die Eigenart der näheren Umgebung einem der Baugebiete der BauNVO entspricht.

Unter anderem folgende Normen des *Bauordnungsrechts* sind als nachbarschützend anerkannt:

- bauordnungsrechtliche Generalklausel, soweit schützenswerte Rechte Dritter betroffen sind,
- Abstandsvorschriften,
- Brandschutzvorschriften.

Wie ist es mit Art. 14 I GG? Kann sich der Nachbar auch unmittelbar auf seine Grundrechte berufen? Nein, hier gilt, was bereits zum Bestandsschutz dargelegt wurde: Nach Art. 14 I 2 GG werden Inhalt und Schranken des Eigentums durch die Gesetze bestimmt. Daraus folgt, dass der Nachbarschutz in einfachgesetzlichen Regelungen inhaltlich bestimmt wird und man sich als Nachbar nicht unmittelbar auf Art. 14 I GG berufen kann. Vielmehr sind die einfachgesetzlichen Nachbarrechte im Lichte des Art. 14 I und damit verfassungskonform auszulegen.

> Entscheidend in der Klausur ist es also, neben der objektiven Rechtswidrigkeit (z.B. der Baugenehmigung) auch herauszuarbeiten, ob der Nachbar dadurch *in seinen Rechten verletzt* wird. Nur dann ist die Klage begründet, wie § 113 I und V VwGO deutlich machen.

Beispiel 47: Wenn sich ein Gebäude innerhalb eines im Zusammenhang bebauten Ortsteils nach Art und Maß der baulichen Nutzung nach § 34 I BauGB objektiv nicht einfügt, genügt dies nicht, damit die Nachbarklage gegen die Baugenehmigung Erfolgt hat. Hinzukommen muss, dass der Kläger als Nachbar auch in *subjektiv-öffentlichen Rechten verletzt* ist, vgl. § 113 I VwGO. Dieses Problem muss bereits bei der Prüfung der Klagebefugnis des Nachbarn nach § 42 II VwGO angesprochen werden. Dort muss eine Rechtsverletzung *möglich* sein. Im Rahmen der Begründetheitsprüfung wird dann geprüft, ob eine Rechtsverletzung des Nachbarn gegeben ist. Nur dann ist § 113 I VwGO erfüllt und die Klage begründet.

G. Rechtsschutz im Baurecht

I. Rechtsschutz gegen Flächennutzungspläne

Der Flächennutzungsplan ist ein vorbereitender Bauleitplan (§ 1 II BauGB). Er stellt eine verwaltungsinterne Maßnahme dar und wird weder als Satzung noch als Verwaltungsakt verabschiedet. Deshalb erzeugt er gegenüber den Bürgern auch keine Rechtswirkungen. Folglich gibt es auch keinen Rechtsschutz gegen Flächennutzungspläne durch Bürger.

Unabhängig von der fehlenden Rechtsschutzmöglichkeit gibt es eine Ausnahme von dem Grundsatz, dass der Flächennutzungsplan keine rechtlichen Wirkungen gegenüber den Bürgern erzeugt. Diese Ausnahme findet sich in § 35 III BauGB. Danach liegt eine Beeinträchtigung öffentlicher Belange insbesondere vor, wenn das Vorhaben den Darstellungen des Flächennutzungsplans widerspricht. Im Rahmen der Zulässigkeit eines Bauvorhabens im Außenbereich nach § 35 BauGB kann es also zu einer rechtlichen Wirkung des Flächennutzungsplans kommen.

II. Rechtsschutz gegen Bebauungspläne

Rechtsschutz gegen Bebauungspläne gewährt die Normenkontrolle nach § 47 I Nr. 1 VwGO. Auch die Veränderungssperre (§ 16 BauGB) kann Gegenstand einer Normenkontrolle sein. Es handelt sich bei der Veränderungssperre nämlich um eine baurechtliche Satzung. Hierzu muss nach § 47 II VwGO die Antragsbefugnis des Antragstellers gegeben sein.

Schema: Normenkontrolle nach § 47 VwGO

Die Normenkontrolle hat Erfolg, wenn sie zulässig und begründet ist.

A. Zulässigkeit
I. Statthaftigkeit: Gegenstand des Normenkontrollverfahrens sind nach § 47 I Nr. 1 VwGO Satzungen nach dem BauGB.
II. Antragsbefugnis nach § 47 II 1 VwGO
III. Antragsfrist nach § 47 II 1 VwGO
IV. Sonstige Zulässigkeitsvoraussetzungen

B. Begründetheit
Der Normenkontrollantrag ist begründet, wenn die Satzung (der Bebauungsplan/die Veränderungssperre etc.) formell oder materiell rechtswidrig ist.

I. Formelle Rechtmäßigkeit

II. Materielle Rechtmäßigkeit

C. Ergebnis: Antrag ist begründet/unbegründet … hat Erfolg/ hat keinen Erfolg.

III. Rechtsschutz bei Einzelvorhaben

1. Klage auf Erteilung einer Baugenehmigung

Wird dem Antragsteller z.B. die Baugenehmigung versagt, kann er nach Durchführung des Vorverfahrens (in Bayern und NRW entbehrlich, vgl. Schema!) gemäß §§ 68 ff. VwGO Klage erheben. Die Bestimmung der geeigneten Klageart richtet sich dabei, wie immer im Verwaltungsprozessrecht, gemäß § 88 VwGO nach dem Begehren des Klägers. Da die Baugenehmigung unproblematisch einen Verwaltungsakt darstellt, ist das Begehren auf *Erlass eines Verwaltungsakts* (der Baugenehmigung) gerichtet. Geeignete Klageart ist deshalb die *Verpflichtungsklage* nach § 42 I VwGO.

2. Klage gegen Bauordnungsverfügungen

Bauordnungsverfügungen wie die Abbruchsverfügung, Nutzungsuntersagung oder Baueinstellungsverfügung richten sich als belastender Verwaltungsakt gegen einen bestimmten Adressaten. Dieser kann gegen diese Bauordnungsverfügungen, unproblematisch Verwaltungsakte nach § 35 S. 1 LVwVfG, mit der *Anfechtungsklage* nach § 42 I VwGO vorgehen.

IV. Nachbarklage

Bei der Nachbarklage sind stets zwei Prüfungspunkte besonders herauszuarbeiten: In der *Zulässigkeit die Klagebefugnis des Nachbarn* nach § 42 II VwGO und in der *Begründetheit die Verletzung des Nachbarn in subjektiv-öffentlichen Rechten*. Dies betrifft sowohl die Anfechtungsklage (§ 113 I VwGO) als auch die Verpflichtungsklage (§ 113 V VwGO). Mit der Anfechtungsklage wendet sich der Nachbar beispielsweise gegen die dem Bauherrn erteilte Baugenehmigung. Mit der Verpflichtungsklage erstrebt er z.B., dass eine Bauordnungsverfügung erlassen wird, die den Bauherrn zur Beseitigung, Stilllegung etc. verpflichtet.

Schema: Baurechtliche Nachbarklage

A. Zulässigkeit

I. Verwaltungsrechtsweg nach § 40 I VwGO

II. Klageart nach § 42 I VwGO

III. Klagebefugnis des Nachbarn nach § 42 II VwGO

„Nachbar N müsste klagebefugt sein. Dies setzt voraus, dass er geltend macht, in eigenen Rechten verletzt zu sein. Eine solche Rechtsverletzung des N kann sich bei allen öffentlich-rechtlichen Vorschriften ergeben, die nachbarschützend sind, also nicht nur die Allgemeinheit schützen. In Betracht kommt hier eine Verletzung der Abstandsvorschriften nach §§ 5, 6 LandesBauO. Diese vermitteln Drittschutz für den N. Eine Verletzung dieser subjektiv-öffentlichen Rechte des N ist nicht von vornherein und nach jeder denkbaren Betrachtungsweise ausgeschlossen. Die Klagebefugnis ist deshalb gegeben.“

IV. Vorverfahren nach §§ 68 ff. VwGO. Beachte in NRW § 110 JustG und in Bayern Art. 15 AG VwGO sowie in Niedersachsen § 80 II S.1 Nr. 4a) JustizG

V. Form, Frist, etc.

B. Begründetheit

„Die Klage des Nachbarn ist begründet, wenn die dem Bauherrn erteilte Baugenehmigung rechtswidrig ist und der Nachbar dadurch in seinen Rechten verletzt wird, § 113 I VwGO (Anfechtungsklage) bzw., wenn der Nachbar einen Anspruch auf die Beseitigung/Stilllegung etc. (Verpflichtungsklage) hat“.

I. Formelle Rechtmäßigkeit

II. Materielle Rechtmäßigkeit

Hier ist zu prüfen, ob nachbarschützende Normen bzw. das Gebot der Rücksichtnahme verletzt werden. Dem objektiven Verstoß gegen das Rücksichtnahmegebot kommt dann nachbarschützende Wirkung zu, wenn durch den Verstoß in qualifizierter und zugleich individualisierter Weise in schutzwürdige Rechtspositionen Dritter eingegriffen wird.

III. Rechtsverletzung des Nachbarn

Der § 113 I bzw. § 113 V VwGO verlangt, dass der Nachbar als Kläger entweder bei der Anfechtungsklage in seinen Rechten verletzt ist oder bei der Verpflichtungsklage einen Anspruch auf Einschreiten der Behörde hat. Dies muss in einer Klausur immer herausgearbeitet werden. Steht etwa bei einer Nachbarklage das Bauvorhaben zwar im Widerspruch zu öffentlich-rechtlichen Vorschriften, ist der Nachbar aber nicht in seinen Rechten verletzt, dann ist die Klage unbegründet. Grundsätzlich wird die nachbarschützende Norm bereits bei der Prüfung der materiellen Rechtmäßigkeit umfassend geprüft. Dann genügt bei der Rechtsverletzung ein Hinweis unter Bezugnahme auf § 113 I bzw. § 113 V VwGO, dass der Nachbar in subjektiv-öffentlichen Rechten verletzt ist.

V. Vorläufiger Rechtsschutz

Im Bereich des vorläufigen Rechtsschutzes sind insbesondere zwei Themenbereiche zu beachten:

- Nach § 212a BauGB haben Widerspruch und Anfechtungsklage eines Dritten „gegen die bauaufsichtliche Zulassung eines Vorhabens" keine aufschiebende Wirkung. § 212a BauGB ist ein Fall des § 80 II 1 Nr. 3 VwGO. Zu beachten ist aber, dass es sich um Widerspruch oder Anfechtungsklage *gegen* die bauaufsichtliche *Zulassung* eines Vorhabens handeln muss. Unter § 212a BauGB fallen also nicht die ordnungsrechtlichen Eingriffsmaßnahmen wie die Abrissverfügung oder Nutzungsuntersagung. Vielmehr ist Gegenstand des § 212a BauGB eine erteilte Baugenehmigung. Erhebt der Nachbar des Bauherrn Widerspruch gegen die Baugenehmigung, hat der Widerspruch nach § 212a I BauGB i.V.m. § 80 II 1 Nr. 3 VwGO keine aufschiebende Wirkung. Was kann der Nachbar dann tun? Es gibt für ihn die Möglichkeit, nach § 80a I Nr. 2 i.V.m. § 80 IV VwGO einen Antrag auf Aussetzung der Vollziehung der Baugenehmigung zu stellen.

§ 212a BauGB gilt nicht für einen dem Bauherrn erteilten Bauvorbescheid. Durch den Bauvorbescheid werden lediglich Vorfragen geklärt, er stellt aber noch nicht die Zulassung des ganzen baulichen Vorhabens dar. Da § 212a BauGB auch nicht die ordnungsrechtlichen Eingriffsmaßnahmen wie die *Abrissverfügung oder Nutzungsuntersagung* betrifft, haben Widerspruch und Anfechtungsklage gegen diese Maßnahmen nach § 80 I VwGO aufschiebende Wirkung. Die Behörde kann allerdings nach § 80 II 1 Nr. 4 VwGO die sofortige Vollziehung der Abrissverfügung etc. anordnen.

- Befindet man sich im Kenntnisgabeverfahren in der dreipoligen Konstellation „Bauherr – Nachbar – Baurechtsbehörde", kann der Nachbar gegen ein bauliches Vorhaben, das dem Kenntnisgabeverfahren unterliegt, im vorläufigen Rechtsschutz auf Untersagung des Vorhabens bzw. des Weiterbaus nach § 123 VwGO vorgehen.

VI. Prüfung der Zulässigkeit und Begründetheit einer Klage bezüglich eines Bauvorhabens

Im Folgenden großen Schema wird auch dargestellt, an welcher Stelle die bauplanungs- und bauordnungsrechtliche Zulässigkeit eines Bauvorhabens zu prüfen ist. Auch wenn von der „Zulässigkeit eines Bauvorhabens" gesprochen wird, darf diese nicht mit der „Zulässigkeit der Klage" verwechselt werden. Die sog. „Zulässigkeit eines Bauvorhabens" wird im Rahmen der Begründetheit einer Klage anhand der bauplanungs- und bauordnungsrechtlichen Vorschriften sowie ggf. weiterer öffentlich-rechtlicher Vorschriften geprüft.

Schema: Zulässigkeit und Begründetheit einer Klage wegen Nichterteilung einer beantragten Baugenehmigung. Erfolg der Klage?

„Die Klage hat Erfolg, wenn der Verwaltungsrechtsweg eröffnet ist und die Klage zulässig und begründet ist."

A. Zulässigkeit der Klage

I. Eröffnung des Verwaltungsrechtswegs nach § 40 I VwGO.

II. Klageart: meist Verpflichtungsklage, § 42 I VwGO

III. Klagebefugnis nach § 42 II VwGO

IV. Vorverfahren, §§ 68 ff. VwGO. Entbehrlich ist das Vorverfahren in NRW (§ 110 JustG) und Bayern (Art. 15 AG VwGO), nicht aber in Niedersachsen (§ 80 II S.1 Nr. 4a) JustizG).

V. Form, Frist etc.

B. Begründetheit

„Die Klage ist begründet, wenn die Passivlegitimation besteht, die Ablehnung der Baugenehmigung rechtswidrig ist und der Kläger dadurch in eigenen Rechten/in seinen Rechten verletzt ist. Zudem muss die Sache spruchreif sein, § 113 V 1 VwGO."

I. Passivlegitimation

II. Anspruchsgrundlage

„Der Anspruch des Klägers auf Erteilung der Baugenehmigung könnte sich aus § 58 I BauO **BaWü**, Art. 68 BauO **Bay**, § 71 I BauO **Berl**, § 72 BauO **Brbg**, § 72 BauO **Brem**; § 72 I BauO **HH**, § 74 I BauO **Hess**, § 72 BauO **MV**, § 70 I BauO **Nds**, § 74 I BauO **NW**, § 70 BauO **RhPf**, § 73 BauO **Saarl**, § 72 I BauO **Sachs**, § 71 BauO **SA**, § 73 I BauO **SH**, § 71 I BauO **Thür** ergeben."

III. Formelle Rechtmäßigkeit

1. Zuständigkeit
2. Verfahren
3. Form

IV. Materielle Rechtmäßigkeit

„Nach § 58 I BauO **BaWü**, Art. 68 BauO **Bay**, § 71 I BauO **Berl**, § 72 BauO **Brbg**, § 72 BauO **Brem**; § 72 I BauO **HH**, § 74 I BauO **Hess**, § 72 BauO **MV**, § 70 I BauO **Nds**, § 74 I BauO **NW**, § 70 BauO **RhPf**, § 73 BauO **Saarl**, § 72 I BauO **Sachs**, § 71 BauO **SA**, § 73 I BauO **SH**, § 71 I BauO **Thür** ist die Baugenehmigung zu erteilen, wenn dem genehmigungspflichtigen Vorhaben keine von der Baurechtsbehörde zu prüfenden öffentlich-rechtlichen Vorschriften entgegenstehen."

1.Genehmigungspflichtiges Vorhaben?

„Es müsste sich zunächst um ein genehmigungspflichtiges Vorhaben handeln."

a) Genehmigungspflichtiges Vorhaben ?
b) Verfahrensfreies Vorhaben ?
c) Kenntnisgabeverfahren ?

2. Genehmigungsfähiges Vorhaben?

„Das Vorhaben müsste auch genehmigungsfähig sein. Dies ist immer dann der Fall, wenn es nicht gegen öffentlich-rechtliche Vorschriften verstößt (s.o. Punkt IV.). Öffentlich-rechtliche Vorschriften des Baurechts sind bauplanungsrechtliche Vorschriften und bauordnungsrechtliche Vorschriften."

a) Bauplanungsrechtliche Vorschriften

„Zunächst müsste das Vorhaben mit bauplanungsrechtlichen Vorschriften im Einklang stehen. Die Zulässigkeit des baulichen Vorhabens könnte sich aus

(1) § 29 BauGB i.V.m. §§ 30, 31 BauGB
oder
(2) § 29 BauGB i.V.m. § 34 BauGB
oder
(3) § 29 BauGB i.V.m. § 35 BauGB

ergeben. Dann müsste ..."

b) Bauordnungsrechtliche Vorschriften

c) Sonstige öffentlich-rechtliche Vorschriften

Geprüft werden solche Vorschriften, die kein eigenes Genehmigungsverfahren vorsehen, etwa §§ 22 ff. BImSchG. Selbstverständlich werden diese in der Klausur nur geprüft, wenn der Sachverhalt hierzu Anhaltspunkte gibt.

V. Rechtsverletzung oder Anspruch

Der § 113 I bzw. § 113 V VwGO verlangt, dass entweder der Kläger bei der Anfechtungsklage in seinen Rechten verletzt ist bzw. der Antragsteller, der Antrag auf Erteilung einer Baugenehmigung gestellt hat, einen Anspruch auf diese hat. Dies muss in einer Klausur immer herausgearbeitet werden.

Ergebnis: Die Klage ist begründet bzw. unbegründet.

Lösung des Ausgangsfalls (S. 7): Darf nun der Bauherr ein dreistöckiges Haus bauen, statt lediglich zweistöckig wie in der Umgebungsbebauung? Was ist mit dem blauen Außenputz statt dem weißen der Nachbarhäuser? Und die Anwaltskanzlei im Erdgeschoss? Wie stets bei Juristen gilt: Es kommt darauf an. Zunächst kommt es darauf an, ob § 31, § 34 oder § 35 BauGB anwendbar ist. Beispielsweise im Rahmen des § 34 I BauGB wäre dann zu prüfen, ob sich das Gebäude bezüglich der drei Stockwerke und des blauen Außenputzes in die Eigenart der näheren Umgebung *einfügt*.

Die baurechtliche Zulässigkeit der geplanten Anwaltskanzlei richtet sich danach, in welchem Baugebiet sie errichtet werden soll. In einem Gewerbe- oder Mischgebiet wird es in dieser Hinsicht keine Probleme geben. In einem reinen Wohngebiet hingegen kann das Betreiben einer Anwaltskanzlei mit einer größeren Zahl an Beschäftigten unter Umständen untersagt werden (§ 13 BauNVO).

H. Wichtige Grundbegriffe des Baurechts

I. Grundbegriffe aus dem BauGB

1) **Bauleitpläne** sind der **Flächennutzungsplan** (vorbereitender Bauleitplan) und der **Bebauungsplan** (verbindlicher Bauleitplan), vgl. § 1 II BauGB.

2) Der **bauplanungsrechtliche Anlagenbegriff** richtet sich nach § 29 I 1 BauGB. Er ist ein eigenständiger Begriff und unabhängig vom bauordnungsrechtlichen Begriff der baulichen Anlage nach der LBO. Welche baulichen Anlagen werden von § 29 I 1 BauGB nun umfasst? Alle Anlagen, die dauerhaft mit dem Erdboden verbunden werden und bodenrechtlich relevant sind bzw. die bodenrechtlichen Belange berühren, also ein Bedürfnis nach Planung hervorrufen. Dies ist der Fall, wenn die Belange des § 1 VI BauGB so berührt werden, dass eine Regelung durch Bauleitplanung erfolgen müsste.

3) Der **Innenbereich** nach § 30 I BauGB setzt sich aus den Gemeindeflächen zusammen, für die ein qualifizierter Bebauungsplan existiert.

4) **Im Zusammenhang bebaute Ortsteile** nach § 34 BauGB sind dann gegeben, wenn die vorhandene Bebauung trotz Baulücken den Eindruck der Geschlossenheit und Zusammengehörigkeit vermittelt. Von einem Ortsteil ist auszugehen, wenn die Bebauung Ausdruck einer organischen Siedlungsstruktur ist. Eine Splittersiedlung genügt nicht. Eine zahlenmäßige Definition derart, dass etwa ab 10 Gebäuden von einem im Zusammenhang bebauten Ortsteil gesprochen werden kann, ist hierbei nicht möglich. Auch wenn 12 Gebäude zunächst selbstverständlich eher für einen im Zusammenhang bebauten Ortsteil sprechen als lediglich 4 Gebäude, kommt es für die abschließende Bewertung auf die konkrete Bebauung im Einzelfall an.

5) Der **Außenbereich** nach § 35 BauGB wird dadurch definiert, dass es sich um ein Gebiet handelt, dass weder § 30 noch § 34 BauGB unterliegt. Es handelt sich bei der Definition des Außenbereichs somit um eine negative Definition: Besteht für das Gebiet kein Bebauungsplan (§ 30 BauGB) und handelt es sich auch nicht um einen im Zusammenhang bebauten Ortsteil (§ 34 BauGB), ist § 35 BauGB einschlägig. Der Außenbereich darf in der Klausur nicht positiv definiert werden, also etwa derart, dass der Außenbereich aus Feldern, Wäldern bzw. Flächen ohne zusammenhängende Bebauung bestehe.

6) Bei der Frage, ob sich ein Vorhaben „**einfügt**", muss geprüft werden, ob durch die Errichtung der baulichen Anlage der Rahmen eingehalten oder überschritten wird, der durch die Eigenart der näheren Umgebung, also die vorhandene Bebauung, vorgegeben ist. Darüber hinaus darf das Vorhaben keine bodenrechtlichen bzw. städtebaulichen Spannungen auslösen oder erhöhen. Solche Spannungen sind gegeben, wenn die Umsetzung des Vorhabens die be-

stehende bodenrechtliche Harmonie stören bzw. „Unruhe stiften" (BVerwGE 55, 387) würde. Ein Vorhaben fügt sich darüber hinaus nur ein, wenn das Gebot der Rücksichtnahme beachtet wird.

Nicht vergessen werden darf bei § 34 BauGB der klausurtypische Fall, dass die Eigenart der näheren Umgebung einem der Baugebiete entspricht, wie sie in der BauNVO bezeichnet sind. Nach § 34 II BauGB beurteilt sich die Zulässigkeit des Vorhabens nach seiner Art dann allein danach, ob es nach der BauNVO zulässig wäre – auch unter entsprechender Anwendung des § 31 BauGB für Ausnahmen und Befreiungen. In der Klausur ist der § 34 II BauGB immer *vor* § 34 I BauGB zu prüfen. Bezüglich des Maßes der baulichen Nutzung bleibt es nämlich dabei, dass sich die Anlage nach § 34 I BauGB einfügen muss.

II. Grundbegriffe aus der LBO

1) Der **bauordnungsrechtliche Anlagenbegriff** ist in § 2 I 1 bzw. (in Bayern) Art. 2 I 1 der jeweiligen LBO legal definiert. Bauliche Anlagen sind danach mit dem Erdboden verbundene, aus Bauprodukten hergestellte Anlagen. Mit dem Erdboden verbunden ist eine bauliche Anlage, wenn die Anlage aus eigener Schwere auf dem Boden ruht oder auf ortsfesten Bahnen begrenzt beweglich ist oder nach ihrem Verwendungszweck dazu bestimmt ist, überwiegend ortsfest benutzt zu werden, wie es § 2 I 2 bzw. Art. 2 I 2 der jeweiligen LBO definiert. Unabhängig von dieser Definition werden in den Landesbauordnungen in § 2 I 3/Art. 2 I 3 bzw. § 2 II LBO Hamburg Anlagen aufgezählt, die unabhängig von erwähnten Legaldefinition als bauliche Anlage gelten.

Wie bereits beim bauplanungsrechtlichen Anlagenbegriff ausgeführt, ist der Begriff der Anlage nach der LBO ein eigenständiger und unabhängig vom Begriff der baulichen Anlage nach § 29 I 1 BauGB.

2) Durch den **Bestandsschutz** wird garantiert, dass ein im Einklang mit damals geltendem Recht errichtetes Bauwerk weiterhin so unterhalten und genutzt werden darf, wie es zur damaligen Zeit möglich war, unabhängig von der Zulässigkeit der Anlage nach neuer Rechtslage. Damit schützt der Bestandsschutz die Legalität einer baulichen Anlage gegenüber Gesetzesänderungen und Änderungen in der Rechtsprechung.

III. Grundbegriffe aus der BauNVO

Im Folgenden werden einige Begriffe der BauNVO anhand der entsprechenden Vorschriften in der BauNVO definiert. In der Klausur finden sich grundsätzlich entsprechende Hinweise und Argumente, ob es sich beispielsweise um einen störenden Handwerksbetrieb handelt oder nicht, ob ein Laden der Versorgung des Gebiets dient oder nicht, etc.

1) **Wohngebäude** (etwa § 3 II BauNVO) dienen dem dauerhaften Wohnen, welches das häusliche Leben insgesamt beinhaltet und sich so abgrenzt von den reinen Schlafstätten oder einer bloßen Unterbringung.

2) **Läden** (z.B. § 2 II Nr. 2 BauNVO) sind Anlagen, in denen Waren oder Dienstleistungen angeboten werden.

3) In **Schank- und Speisewirtschaften** (z.B. § 2 II Nr. 2 BauNVO) werden Getränke bzw. Speisen angeboten.

4) **Handwerksbetriebe** (§ 2 II Nr. 2 BauNVO) sind nach § 1 II Handwerksordnung Gewerbebetriebe, die handwerksmäßig betrieben werden und vollständig oder in wesentlichen Teilen ein Gewerbe umfassen, das in der Anlage A zur Handwerksordnung aufgeführt ist. Ein Betrieb **stört nicht**, wenn er nur eine geringe Lärmintensität aufweist. Der Begriff des Störens ist dabei übrigens für die gesamte BauNVO abhängig vom Gebietscharakter. Was im Einzelfall in einem Gebiet unzumutbar ist, hängt entscheidend vom Gebietscharakter ab.

5) **Der Versorgung des Gebiets dienen** (§ 2 II Nr. 2 Bau-NVO) Läden, Schank- und Speisewirtschaften sowie nicht störende Handwerksbetriebe, wenn sie den Bedarf der Bewohner eines Gebiets nach Waren, Dienstleistungen etc. aus objektiver Sicht befriedigen und erfüllen können.

6) Wann Läden und nicht störende Handwerksbetriebe zur **Deckung des täglichen Bedarfs für die Bewohner des Gebiets** dienen (§ 3 III Nr. 1 BauNVO), kommt auf den konkreten Einzelfall an. § 3 III Nr. 1 BauNVO stellt durch seinen Wortlaut strengere Voraussetzungen auf als § 2 II Nr. 2 BauNVO, so dass die Entfernung zwischen dem Anbieter (Ladeninhaber etc.) und dem Nachfrager (Bewohner des Gebiets) Letzterem zumutbar sein muss, damit das Angebot noch dem „täglichen Bedarf" dient.

7) Der Begriff des **Gewerbebetriebs** (etwa § 8 I BauNVO) ist nicht gleichzusetzen mit dem in der Gewerbeordnung. Entscheidend für den Begriff des Gewerbebetriebs nach der BauNVO ist, dass eine selbstständige, auf eine gewisse Dauer angelegte und mit der Absicht der Gewinnerzielung ausgeübte Tätigkeit vorliegt. Freie Berufe zählen hierzu nicht (man kann sich also am handelsrechtlichen Begriff des Gewerbes orientieren).

Wie beim Handwerksbetrieb bereits dargelegt, ist der Begriff des **Störens** für die gesamte BauNVO abhängig vom Gebietscharakter. Was im Einzelfall in einem Gebiet unzumutbar ist, hängt entscheidend vom Gebietscharakter ab. Es gibt deshalb schon vom Wortlaut her verschiedene Begriffe der Störung von Handwerks- und Gewerbebetrieben. Während beispielsweise nach § 7 II Nr. 3 **nicht wesentlich störende Gewerbebetriebe** zulässig sind, spricht § 8 I BauNVO von **nicht erheblich belästigenden Gewerbebetrieben**. In § 8 I liegt die Zumutbarkeitsschwelle also wesentlich höher als in § 7 II Nr. 3. Ein Nachbar im Gewerbegebiet (§ 8) muss sich also mehr gefallen lassen als ein Nachbar im Kerngebiet (§ 7). Bei der Frage der Zulässigkeit kommt es auf den Gebietscharakter an, um das Maß zumutbarer bzw. unzumutbarer Störungen bestimmen zu können.

8) **Vergnügungsstätten** sind gewerblich genutzte Anlagen, die der Freizeitgestaltung dienen, ausgenommen sportliche Aktivitäten. Dabei ist zu unterscheiden zwischen sog. kerngebietstypischen Vergnügungsstätten (§ 7 II Nr. 2 und § 8 III Nr. 3 BauNVO) und nicht kerngebietstypischen Vergnügungsstätten (§ 4a III Nr. 2 und § 6 II Nr. 8,III BauNVO). Die kerngebietstypischen sind aufgrund ihrer Größe und ihres Einzugsgebiets nur in Kerngebieten und als Ausnahmeregelung in Gewerbegebieten zulässig.

9) **Wirtschaftsstellen land- und forstwirtschaftlicher Betriebe** (§ 5 II Nr. 1 BauNVO). Der Begriff der Landwirtschaft findet sich zunächst in § 201 BauGB. Allerdings kann er nicht unmittelbar auf den Begriff der Landwirtschaft der BauNVO übertragen werden. § 201 BauGB dient aber als erster Anhaltspunkt dafür, wie der Begriff der Landwirtschaft definiert werden kann. Da es bei der BauNVO aber um die zulässige Grundstücks- bzw. Bodennutzung geht, ist der Begriff der Landwirtschaft nach § 201 BauGB in der BauNVO eingeschränkt auf die landwirtschaftliche Bodennutzung bzw. Bodenertragsnutzung. Die Forstwirtschaft wiederum dient der Holzgewinnung. Wirtschaftsstellen sind Betriebe jeglicher Art mit den dazugehörigen Anlagen.

10) Bei der Frage, was **nicht erheblich belästigende Gewerbebetriebe** (§ 8 BauNVO) sind, kann – quasi als gesetzgeberische Hilfestellung – auf die 4. BImSchV (Bundesimmissionsschutzverordnung) zurückgegriffen werden. Dieser kann entnommen werden, welche Anlagen welchem Verfahren (§ 10 oder § 19 BImSchG) unterliegen. Dies kann für die Frage, welcher Gewerbebetrieb tendenziell nicht erheblich belästigt (nämlich der, welcher § 19 BImSchG unterliegt), grundsätzlich übernommen werden. Hiervon kann es im Einzelfall je nach Sachverhalt allerdings Abweichungen geben (§ 15 III BauNVO).

11) **Sondergebiete, die der Erholung dienen** (§ 10 I Bau-NVO), sind solche Gebiete, die der Unterkunft von Personen in ihrer Freizeit (Wochenende, Ferienhaus, Camping) dienen. Hierbei hat die Gemeinde durch § 10 II BauGB einen großen Spielraum und kann festlegen, was der konkrete Zweck eines Gebiets ist. Die Formulierung „kommen insbesondere in Betracht" in § 10 I BauNVO zu Sondergebieten zeigt bereits, dass es sich bei Wochenendhaus-, Ferienhaus- und Campingplatzgebieten nicht um eine abschließende, sondern um eine beispielhafte Aufzählung handelt.

12) **Wochenendhausgebiete** (§ 10 III BauNVO) dienen einer zeitlich begrenzten Unterkunft von Personen, wobei diese nicht auf das Wochenende beschränkt ist.

13) **Fremdenverkehrsgebiete** (§ 10 IV BauNVO) dienen der Erholung von Personen. Der Unterschied zum Wochenendhausgebiet besteht darin, dass die Unterkünfte in Fremdenverkehrsgebieten einem wechselnden Personenkreis dienen. Es genügt dabei, wenn dies überwiegend der Fall ist. Deshalb können auch die Eigentümer ihre Unterkünfte in einem Fremdenverkehrsgebiet nutzen, allerdings nicht dauerhaft.

14) Nach § 10 V BauNVO sind in **Campingplatzgebieten** Campingplätze und Zeltplätze, also mobile Unterkünfte, zulässig.

15) **Nebenanlagen** (§ 14 BauNVO) sind selbständige bauliche Anlagen, die gegenüber dem Grundstück und dem Nutzungszweck des Grundstücks untergeordnet sind, also beispielsweise bereits räumlich-gegenständlich gegenüber dem Hauptgebäude im Hintergrund stehen und lediglich diesem zu dienen bestimmt sind.

J. Wiederholungsfragen

1. Wozu dienen jeweils das Bauplanungs- und das Bauordnungsrecht? <u>Seite 8</u>

2. Spielt das Europarecht auch im Baurecht eine Rolle? <u>Seite 11</u>

3. Warum gibt es ein Baugesetzbuch, aber 16 Landesbauordnungen? <u>Seite 11 f.</u>

4. Worin liegen die Unterschiede zwischen einem Flächen-nutzungsplan und einem Bebauungsplan? <u>Seite 16 f.</u>

5. In welcher rechtlichen Form wird der Bebauungsplan beschlossen? Welche Rechtsschutzmöglichkeiten gibt es gegen einen Bebauungsplan? <u>Seite 21 und Seite 88.</u>

6. Was bedeutet es, wenn der Bebauungsplan ausgefertigt wird? Und wo ist die Ausfertigung gesetzlich geregelt? <u>Seite 21</u>

7. Wie kann eine Gemeinde prozessual vorgehen, wenn die Genehmigung eines Bebauungsplans von der höheren Verwaltungsbehörde nicht erteilt wird? <u>Seite 23</u>

8. Ist der Begriff der baulichen Anlage im Bauordnungs- und Bauplanungsrecht identisch? <u>Seiten 37 f., 48 f., 98</u>

9. Worin liegt der Unterschied zwischen dem qualifizierten Bebauungsplan (§ 30 I BauGB) und dem einfachen Bebauungsplan (§ 30 III BauGB)? <u>Seite 38 f.</u>

10. Was ist der Unterschied zwischen einer Ausnahme nach § 31 I BauGB und einer Befreiung nach § 31 II BauGB? <u>Seite 40 f. und Seite 58 f.</u>

11. Wie erfolgt die Abgrenzung des Außenbereichs vom Innenbereich? <u>Seite 41</u>

12. Wann fügt sich ein Vorhaben nach § 34 BauGB ein? <u>Seite 42</u>

13. Was bedeutet die Unterscheidung zwischen Art und Maß der baulichen Nutzung in § 34 BauGB? <u>Seite 43</u>

14. Erfolgt die Definition des Außenbereichs in positiver oder negativer Weise? <u>Seiten 44 und 97</u>

15. Wonach muss in § 35 BauGB unterschieden werden? <u>Seite 44</u>

16. Wann bedarf es zur Realisierung eines baulichen Vorhabens einer Baugenehmigung? <u>Seite 47 ff.</u>

17. Was besagt der Grundsatz der Baufreiheit und was bedeutet „präventives Verbot mit Erlaubnisvorbehalt"? <u>Seiten 46 und 54.</u>

18. Ist der Bauvorbescheid ein Verwaltungsakt? <u>Seite 67 f.</u>

19. Was sind die Voraussetzungen einer Abrissverfügung? <u>Seite 69 ff.</u>

20. Woraus ergibt sich der Bestandschutz? <u>Seite 74 f.</u>

21. Welche beiden Prüfungspunkte sind bei der Nachbarklage besonders herauszuarbeiten? <u>Seite 82 f.</u>

22. Wer ist Nachbar im Sinne nachbarschützender Normen? <u>Seite 84.</u>

23. Was besagt das Gebot der Rücksichtnahme und wo ist es normiert? <u>Seite 84 f.</u>

24. Welche Normen sind als nachbarschützend anerkannt? <u>Seite 85 f.</u>

25. Welches ist die statthafte Klageart, wenn eine Baugenehmigung erteilt oder eine Bauordnungsverfügung aufgehoben werden soll? <u>Seite 89 f.</u>

26. Haben Widerspruch und Anfechtungsklage eines Dritten „gegen die bauaufsichtliche Zulassung eines Vorhabens" aufschiebende Wirkung? <u>Seite 91 f.</u>

27. Was ist in NRW und Bayern hinsichtlich des Vorverfahrens zu beachten? Vgl. Schema auf <u>Seiten 90 und 93</u>